超级大脑
优秀学生超爱玩的汉字游戏大全

主编　张祥斌
编委　刘海燕　陈学慧　赵　赟　李冰凌
　　　王忠波　展　超　郝志丹　孟祥龙
　　　刘　波　何利轩　郭春焱　修德武

哈爾濱工業大學出版社
HARBIN INSTITUTE OF TECHNOLOGY PRESS

图书在版编目（CIP）数据

超级大脑.优秀学生超爱玩的汉字游戏大全/张祥斌主编.—哈尔滨：哈尔滨工业大学出版社，2017.1
ISBN 978−7−5603−5936−6

Ⅰ.①超… Ⅱ.①张… Ⅲ.①智力游戏 − 少儿读物 Ⅳ.①G898.2

中国版本图书馆CIP数据核字(2016)第071702号

策划编辑	常　雨
责任编辑	苗金英
装帧设计	恒润设计
出版发行	哈尔滨工业大学出版社
社　　址	哈尔滨市南岗区复华四道街10号　邮编150006
传　　真	0451−86414749
网　　址	http://hitpress.hit.edu.cn
印　　刷	哈尔滨石桥印务有限公司
开　　本	787mm×1092mm　1/16　印张12.25　字数270千字
版　　次	2017年1月第1版　2017年1月第1次印刷
书　　号	ISBN 978−7−5603−5936−6
定　　价	28.00元

（如因印装质量问题影响阅读，我社负责调换）

前　言

　　德国哲学家海德格尔曾说过："语言是存在的家。"他强调文字是人活着或者活过的一个记号，也是人类历史的见证。中国是四大文明古国之一，拥有五千多年的悠久历史和文化底蕴。从甲骨文到当今的汉字，可以说它是我们每一个炎黄子孙的骄傲，是一代代先人智慧的结晶。本书的编写目的在于向读者呈现汉字的无穷魅力和神奇魔力，让读者在轻松阅读的同时，全面领略汉字的幽默趣味。

　　世界上没有任何一种文字能像汉字一样，从本身的外在形式、音韵格律、象形会意、内涵意义到演变传承，都具有极大的魅力，进而对民族文化产生重大影响并成为其重要组成部分。汉字不仅仅是人们语言沟通的载体，也不仅仅是中国文化的载体，汉字本身就是中国传统文化很重要的一部分，是人类文明宝库中独一无二的艺术形式。几千年来，关于汉字的故事、游戏更是不胜枚举，它们是华夏历史的记录者，是前人智慧的结晶。汉字中潜藏着丰富的审美和诗意，有着深厚的文化意蕴，有着独特的文化魅力。

　　本书是一本极具知识性、趣味性和可读性，老少皆宜的益智读物。它精选了古往今来各类汉字游戏，包括文字故事、趣味谜语、字词游戏、诗词对联、百科知识等，每个类型分散在各个章节，进而形成一个完整的体系。

　　汉字与我们的精神家园息息相关，这也正是汉字游戏经久不衰的魅力所在。衷心希望本书能够发挥它应有的社会价值！

编者

2016年4月

目录 CONTENTS

第1章 语音有内涵 ▶▶ 1

1 多音字趣话 / 3
2 问路 / 3
3 孟姜女庙门联 / 3
4 翘舌音汉字 / 4
5 翘舌音词语 / 4
6 奇妙的重音 / 4
7 姓氏读音 / 4
8 zao 是什么字 / 5
9 招聘经理的拼音题 / 5
10 多音字趣题 / 5
11 拼音猜成语 / 6
12 谐音图形猜成语 / 7

第2章 字词句段篇 ▶▶ 11

1 各加一个字 / 13
2 用"口"组字 / 13
3 用"人"组字 / 13
4 巧填字 / 13
5 水中的学问 / 13
6 方格藏字 / 14
7 "春节"字谜 / 14
8 关于"蛇"的字谜 / 15
9 看图猜字 / 15
10 图形加减法猜字 / 16
11 关于 ☀ 的字谜 / 16
12 联想词语 / 17
13 有趣的"话" / 17
14 选词填空 / 17
15 笑和哭 / 18
16 到底哭没哭 / 18
17 怎么叫这类人 / 18
18 颠倒成词 / 19
19 标点留客 / 19
20 加标点 / 19
21 一个笑一个哭 / 20
22 总统候选人的幽默 / 20
23 安徒生的幽默 / 20
24 摇篮曲 / 21
25 "正义"和"灵感" / 21
26 天气预报 / 21
27 "而"字评语 / 22
28 诗句评语 / 22

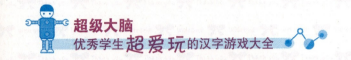

第3章 成语大比拼 ▶23

1 填充数字成语 / 25	37 两两相拼组成语 / 36
2 填充动物成语 / 25	38 《静夜思》组成语 / 37
3 填充植物成语 / 25	39 成语转换 / 37
4 填充器物成语 / 26	40 俗语换成语 / 37
5 填充器官成语 / 26	41 根据古诗文写成语 / 38
6 填充方位成语 / 26	42 源于历史典故的歇后语成语 / 38
7 填充比喻成语 / 27	43 源于神话传说的歇后语成语 / 38
8 填充叠字成语 / 27	44 《红楼梦》中的歇后语成语 / 38
9 填充"刀"字成语 / 27	45 《西游记》中的歇后语成语 / 39
10 填充"士"字成语 / 27	46 《水浒传》中的歇后语成语 / 39
11 填充"天"字成语 / 28	47 《三国演义》中的歇后语成语 / 39
12 填充"国"字成语 / 28	48 比喻性歇后语成语 / 39
13 填充"归"字成语 / 28	49 日常生活与歇后语成语 / 40
14 填充"心"字成语 / 28	50 新生事物与歇后语成语 / 40
15 填充"梅"字成语 / 29	51 "动物"地名填成语 / 40
16 填充天文、气象成语 / 29	52 "气象"地名填成语 / 41
17 填充四季、姓氏成语 / 29	53 春节传统习俗填成语 / 41
18 填充成语,使之成为小学科目 / 30	54 花名填成语 / 41
19 填充省会名称 / 30	55 中国象棋术语填成语 / 42
20 请在成语中填国家名、人名或地名 / 30	56 中国历史遗址填成语 / 42
21 趣猜"蛇"字成语 / 31	57 中国神话故事填成语 / 43
22 "四十"之谜 / 31	58 中国著名古城填成语 / 43
23 给成语中加点字注音 / 31	59 中国著名古镇填成语 / 44
24 找出并改正下列成语中的错别字 / 32	60 中国赏梅胜地填成语 / 44
25 填动物名组成语 / 32	61 中国赏雪胜地填成语 / 45
26 巧串魔珠 / 33	62 中国赏竹胜地填成语 / 45
27 相反或补充 / 33	63 中国十大山洞填成语 / 46
28 数字、词语组成语 / 33	64 中国著名雪山填成语 / 46
29 用成语称赞别人的长处 / 34	65 中国十大瀑布填成语 / 46
30 填歇后语中的成语 / 34	66 中国国家地质公园填成语 / 47
31 成语火车 / 34	67 长城关口填成语 / 47
32 选择反义词 / 34	68 中国世界地质公园填成语 / 48
33 开火车,学成语 / 35	69 中国国家级自然保护区填成语 / 48
34 拼图片,识成语 / 35	70 十二生肖地名填成语 / 48
35 找出反义成语并连线 / 36	71 "花草树木"地名填成语 / 49
36 成语的逻辑顺序 / 36	72 外来入侵植物填成语 / 49

73	多肉植物名称填成语 / 50	94	"马"字成语填古诗 / 60
74	牡丹别名填成语 / 50	95	填成语，组对联 / 60
75	"年宵花"填成语 / 51	96	成语加法 / 61
76	牡丹名品填成语 / 51	97	成语减法 / 61
77	芍药别名填成语 / 52	98	猜出三个成语 / 61
78	芍药名品填成语 / 52	99	单字构图猜成语 / 62
79	茉莉花别名填成语 / 52	100	双字构图猜成语 / 67
80	桃花名品填成语 / 53	101	叠字构图猜成语 / 72
81	丁香花别名填成语 / 53	102	三字构图猜成语 / 75
82	山茶花名品填成语 / 54	103	四字构图猜成语 / 76
83	茶之雅称填成语 / 54	104	多字构图猜成语 / 77
84	鸟之雅号填成语 / 55	105	变形字构图猜成语 / 80
85	雪的别称填成语 / 56	106	数字构图猜成语 / 84
86	蛇的名称填成语 / 56	107	符号构图猜成语 / 85
87	趣填"蛇"字植物名 / 56	108	人物构图猜成语 / 94
88	趣填"马"字植物名 / 57	109	食物构图猜成语 / 97
89	趣填"马"字动物名 / 57	110	动物构图猜成语 / 97
90	趣填"马"字山名 / 58	111	植物构图猜成语 / 101
91	"马"字名胜古迹填成语 / 58	112	事物构图猜成语 / 103
92	趣填古代名马 / 59	113	自然天象构图猜成语 / 106
93	趣填"马"字词牌名 / 59		

第4章 诗词曲精华 ▶ 109

1	诗句和成语 / 111	13	读古诗猜初夏花名 / 115
2	挑字组诗 / 111	14	"绿色"诗句 / 115
3	读古诗猜早春花开 / 111	15	填颜色，组诗句 / 115
4	读古诗猜春季节气 / 111	16	填鸟名，组诗句 / 116
5	古语和诗句 / 112	17	填数字，组诗句 / 116
6	读古诗，猜春花 / 112	18	填花名，组诗句 / 117
7	春花烂漫填诗句 / 112	19	填地名，组诗句 / 117
8	诗中寻"春" / 113	20	填山名，组诗句 / 117
9	"春"字成语填诗句 / 113	21	填充诗句"游"名胜 / 118
10	"春"字组诗句 / 113	22	古诗填福 / 118
11	春天雅称填诗句 / 114	23	古诗填香 / 119
12	诗中寻夏 / 114	24	古诗填雪 / 119

25 古诗填鸟 / 120	39 诗中节气 / 127
26 古诗填石 / 121	40 "2月"别称填唐诗 / 128
27 古诗填"腊" / 121	41 "12月"别称填唐诗 / 128
28 古诗填竹 / 122	42 "正月初一"别称填诗句 / 129
29 梅花词曲牌名填诗句 / 122	43 "野菜飘香"填诗句 / 129
30 古诗填梅 / 123	44 读古诗,猜树木 / 129
31 雪的别称填诗句 / 124	45 树木名称组诗句 / 130
32 中国名楼填唐诗 / 124	46 读古诗,填童趣 / 130
33 中国名楼填诗句 / 124	47 读古诗,填农具 / 131
34 "亭台楼阁"填诗句 / 125	48 读古诗猜"花中四友" / 131
35 唐诗填马 / 125	49 读古诗猜"玉堂富贵" / 131
36 马的别称填古诗 / 126	50 制鼓歌 / 132
37 谜语一样的古诗句 / 126	51 长江支流填唐诗 / 132
38 诗中节日 / 127	52 "春回大地"填词牌 / 132

第5章 古今对联展 ▶ 133

1 这是什么地方 / 135	9 巧言妙对贪官联 / 139
2 中药趣联 / 135	10 自画像 / 139
3 劝秀才 / 135	11 拆字联 / 140
4 贴反了 / 136	12 林则徐写对联 / 140
5 借东西 / 136	13 鸿雁与蚕 / 141
6 半截春联 / 137	14 菊花与甘棠 / 141
7 童生考到老 / 137	15 袖底笼花 / 142
8 联边对 / 138	

第6章 百科游乐园 ▶ 143

1 历史人物填空 / 145	5 《红楼梦》中的判词 / 146
2 名著中跟"三"有关的情节 / 145	6 有哪些兴趣和爱好 / 146
3 根据四大名著对出下联 / 145	7 清明节的别称 / 146
4 对联出处 / 146	8 曲阜"三孔" / 147

9 辨识"五谷" / 147
10 "六畜"包括哪些 / 147
11 古代六艺 / 147
12 七月流火 / 147
13 菊月 / 148
14 "闭月"是指谁 / 148
15 成也萧何,败也萧何 / 148
16 汗流浃背 / 148
17 期期艾艾 / 148
18 掌上舞 / 149
19 东床快婿 / 149
20 "司空"是指什么 / 149
21 程门立雪 / 149
22 名花解语 / 149
23 墙头马上 / 150
24 《梁祝》与《婚姻法》 / 150

答案 ▸▸▸ 151

第1章

语音有内涵

学习汉语都是从学习拼音开始的，这是一个由读到写再到应用的过程。拼音是打开汉语知识大门的金钥匙。学会了拼音，就可以自己认知生字，并流畅地读出来。许多字母化语言只有轻音、重音两种读音，但汉字却有阴平、阳平、上声、去声四种读音，也就是通常所说的一声、二声、三声、四声，还有许多的多音字和近音字。因此，拼音经常被作为汉字游戏中语音游戏命题的素材。

拼音标注的读音是对普通话而言的，我国有着难以计数的方言种类，甚至很多相邻地区的方言都不一样，这就产生了语音上的差异。这种差异虽然造成了一些沟通上的困难，却也为语音游戏的创作留下了广阔的空间。在网络流行语中，谐音表达极其常见，比如我们在网络聊天中常用"88"表示"再见"，这就是一种游戏化的谐音表达。汉字特有的四种读音，造就了许多人类语言中特有的语音游戏，内涵丰富。

1 多音字趣话

从前有一个人，聪明能干，什么事都做得很好且与众不同。他开了一间店铺，开业那天，好多人都来捧场。有人问他："你的店铺叫什么名字？"这个人很得意地拿出一块牌匾给大家看，上面写着"行行行行"。

你知道这间店铺的名字该怎么读吗？

2 问路

有个年轻人要去杏花村，在一个路口迷了路。他看到路旁的田野里有一位老大爷在干活儿，就鲁莽地问道："喂，老头儿，你知道杏花村怎么走吗？"老大爷听了他的话只说了两个字："五里。"年轻人继续向前走了五里，发现根本没有村庄。这时他突然想起老大爷的话，恍然大悟，连忙回去向老大爷道歉。

你知道老大爷说的那两个字是什么意思吗？

3 孟姜女庙门联

山海关孟姜女庙有副门联，它构思奇巧，上联包含七个"朝"字，下联包含七个"长"字，各有两种读音，写的是庙前大海的景色。

海水朝朝朝朝朝朝朝落；浮云长长长长长长长消。

这里用了同音假借的办法，请你先把本字找出来，读通后分别给"朝"和"长"注音。

4 翘舌音汉字

下列四组汉字，全部发翘舌音的一项是（　　）。
A.追最朝杀　　B.找才插吃　　C.痴豺摘瞬　　D.辍桌床从

5 翘舌音词语

下列词语全部发翘舌音的一项是（　　）。
A.滑稽　　B.佝偻　　C.强聒　　D.容赦

6 奇妙的重音

同样的一句话，重音不同，意思也会有相应的变化。读下面左右两组句子，将意思对应的题号与字母连起来。（括号内为应读重音的字词）

（1）（我）知道你会唱歌。　　　　A.你怎么说不会呢？
（2）我（知道）你会唱歌。　　　　B.别人会不会唱我不知道。
（3）我知道（你）会唱歌。　　　　C.会不会跳舞我不知道。
（4）我知道你（会）唱歌。　　　　D.你不要瞒我了。
（5）我知道你会（唱歌）。　　　　E.别人不知道你会唱歌。

7 姓氏读音

（1）"盖"在"掩盖"中读（　　），作为姓时读（　　）
（2）"仇"在"报仇"中读（　　），作为姓时读（　　）
（3）"查"在"检查"中读（　　），作为姓时读（　　）
（4）"单"在"简单"中读（　　），作为姓时读（　　）

8 zao 是什么字

放学回家，时间还zao，我先拿起香zao洗zao，然后在zao上拿了一张饼，边吃边做zao句作业。爸爸见了说我的习惯太zao了，不能边吃东西边做作业。妈妈端上一碗大zao汤，让我吃完东西再做作业。

请依次写出zao字。

9 招聘经理的拼音题

某公司招聘经理，用五个读音相同的gong字作为选拔标准，以此选拔优秀人才，促进公司发展，题目如下：

文明礼貌突出一个gong（　　）字；办事无私突出一个gong（　　）字；书写漂亮突出一个gong（　　）字；有进取心突出一个gong（　　）字；成果丰硕突出一个gong（　　）字。

请依次写出gong字。

10 多音字趣题

在多音字"差"字后面的括号里注音。

古代有个差（　　）人，工作表现差（　　），一点也不认真，做什么事都是只求差（　　）不多。有一次还差（　　）一点出了差（　　）错。上司派他出差（　　），让他从外县买点规格统一的纸张，可是他却抱了一大堆参差（　　）不齐的纸回来，你说他表现得差（　　）不差（　　）？

11 拼音猜成语

(1) q(le)i

(2) tán

(3)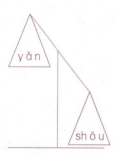

(4)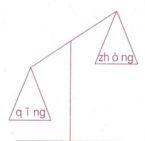

(5)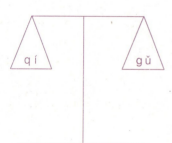

(6)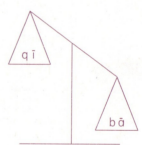

12 谐音图形猜成语

(1)

(2)

(3)

(4) 男 男

(5)

(6) 生　生生

(7) 曲　娶
　　工　工

(8)

(9)

(10)

(11)

(12)

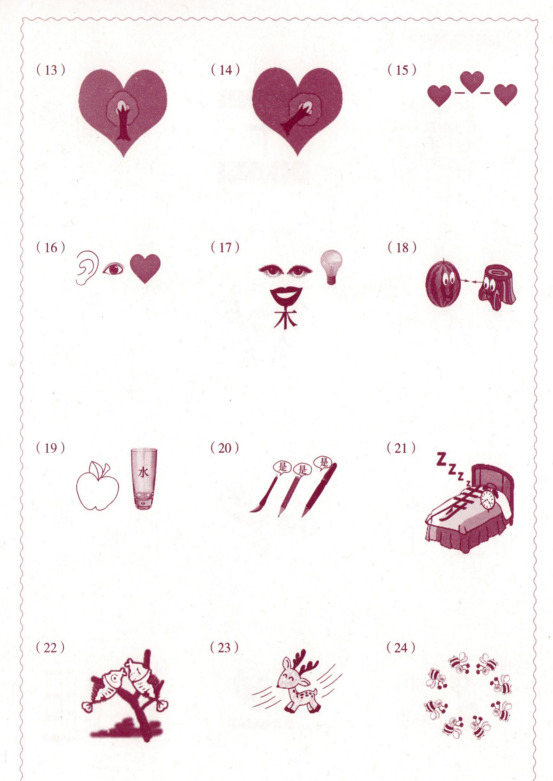

第1章 语音有内涵

（25） 　（26） 　（27）

（28） 　（29） 　（30）

（31） 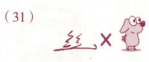　（32） 　（33）

（34） 　（35） 　（36）

（37） 　　（38） 　　（39）

（40） 　　（41） 　　（42） ... 待修正

（43） 　　（44） 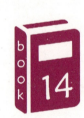　　（45）

第 2 章

字词句段篇

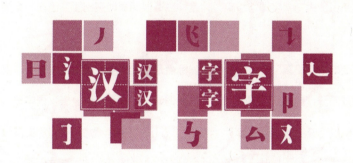

  字词是语文的重要组成部分，没有掌握足够的词汇量，就不可能有好的语文阅读与理解能力，更不可能写出优美的作文，语文成绩自然也就难以提高。识字是学习文化的开始，是形成读写能力的先决条件。只有认识并学会一定数量的字词，才能理解书面材料，才能用书面语言表达自己的思想。识字量不仅直接影响到语文水平的高低，对提升人文素养也有重要影响。随着识字量的提高，词汇量也自然地丰富起来。我们通常将语文知识概括为"字词句段篇"，这种称谓很明显地突出了字词在语文知识中的基础地位。

  将"字词"变成"句段篇"的桥梁是标点。标点是辅助文字记录语言的符号，是书面语的有机组成部分，用来表示停顿、语气以及词语的性质和作用。古汉语中虽然没有标点，但自从汉语诞生之日起便有了"句读（dòu）"这个概念，古时称文辞停顿的地方叫句或读。19世纪下半叶，西方的标点符号传入我国并经过了本土化改造，对汉语的表意性起到了极大的扩充作用，标点游戏就更加普及了，成为汉字游戏的重要组成部分。

  语文内容可以归纳为"字词句段篇"，语文能力可以概括为"听说读写"，其中的"句段篇"和"读写"主要指的是阅读和作文。从学以致用的角度讲，"字词"是为"句段篇"服务的，"听说"的目的就是"读写"。能否自如地阅读和写作，是检验语文综合能力的主要指标。

1 各加一个字

请在"一,二,三,五,七,千"中各加同一个字,使其成为另外六个字。

2 用"口"组字

请写出2~10个"口"各能组成哪9个字,比如3个"口"可以组成"品"字。

3 用"人"组字

先写好14个"人"字,然后在每个"人"字上加1~2画,使它变成14个不同的字。

4 巧填字

请在下图中间的框内填上一个字,使它同周围的字或偏旁拼成3个字,并可以组成一个名词。

5 水中的学问

用"渚、渊、涧、汀、涯、湍"填空。
(1)水深称(   )   (2)水急称(   )   (3)水边平地称(   )
(4)水中小洲称(   )   (5)水边称(   )   (6)两山相夹之水称(   )

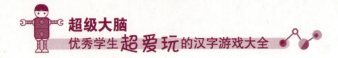

6 方格藏字

下面每个方格中都藏着一个字,两格相加,可以合成另外一个字。

```
      1
    2 6 7
      3
    5 4
```

(1) 1加2等于(　　):日落以后的意思。　　(2) 2加3等于(　　):日初的意思。

(3) 3加4等于(　　):欺侮的意思。　　(4) 5加4等于(　　):瞄准击发的意思。

(5) 2加6等于(　　):光亮的意思。　　(6) 6加7等于(　　):丰满的意思。

7 "春节"字谜

下面是一组谜面含"春节"的字谜,各打一字。

(1) 春节第一日　　　　　　　　(2) 春节二日

(3) 春节二日人已去　　　　　　(4) 春节放假三天

(5) 春节三日前头干　　　　　　(6) 春节三日重相逢

(7) 春节三日夺高产　　　　　　(8) 春节三日守桥头

(9) 春节三日,人人团聚　　　　(10) 春节前到广西

(11) 迎春节　　　　　　　　　　(12) 春节后干劲冲天

(13) 春节一日有人来　　　　　　(14) 立春春节同一日

(15) 过春节　　　　　　　　　　(16) 春节前调休

(17) 春节三日多云　　　　　　　(18) 转眼春节又来到

(19) 春节三人又聚首　　　　　　(20) 春节三日去云南

(21) 春节——送点礼　　　　　　(22) 春节后大扫除

8 关于"蛇"的字谜

下面是一组谜面含"蛇"的字谜,各打一字。

(1) 蛇年乡间变了样
(2) 蛇年重逢共携手
(3) 九宫格里走龙蛇
(4) 半局虽未终,连作长蛇势
(5) 左右探听闻蛇声
(6) 玉兔叼来眼镜蛇
(7) 白花蛇名压两头蛇
(8) 白蛇小青共叩首
(9) 百合花后驱蛇影
(10) 竹下手擒眼镜蛇
(11) 红玉击鼓地,白蛇水漫处
(12) 两蛇盘绕山间道
(13) 宛如草上蛇露出
(14) 茅舍前有双头蛇
(15) 话说蛇口开放事
(16) 亮珠小巷蛇游去
(17) 差一点打草惊蛇
(18) 点点疑似杯蛇又弄影
(19) 闻蛇声,我心虚
(20) 笔头画蛇错点睛
(21) 措手不及,蛇头被擒
(22) 眼镜蛇来放手抓
(23) 蛇蜕入药得美名
(24) 疑是水蛇似有声
(25) 雕窗半毁窜火蛇

9 看图猜字

(1)

(2)

(3)

(4)

10 图形加减法猜字

11 关于☀的字谜

12 联想词语

根据下列词语猜一个词（两个字组成）。
（1）雕　衣服　水　碱　　（　　）
（2）联想　老鼠　屏幕　猫　（　　）

13 有趣的"话"

根据每句话的意思，将下列词语填到括号里。
　　　空话　胡话　套话　废话　谎话　瞎话　悄悄话　恭维话　风凉话
（1）低声说的不让局外人知道的话（　　）　（2）讨好奉承的话（　　）
（3）神志不清时说的话（　　）　（4）不负责任的冷言冷语（　　）
（5）不能实现的话（　　）　（6）哄骗别人的话（　　）
（7）不真实的话（　　）　（8）应酬的话（　　）
（9）没有用的话（　　）

14 选词填空

根据每句话的意思，将下列词语填到括号里。
　　　千里马　百灵鸟　井底蛙　应声虫
（1）如果孩子成长在无知的世界里，他便成了目光短浅的（　　）。
（2）如果孩子生活在专制的环境中，他便成了唯唯诺诺的（　　）。
（3）如果孩子沐浴着友谊的春风，他便成了快乐的（　　）。
（4）如果孩子扬起了自信的风帆，他便成了无畏的（　　）。

15 笑和哭

人的感情是十分丰富的，有各种各样的笑和哭，同时也就产生了许许多多形容笑和哭的词语。请根据表述，选择相应的词语填到括号里。

（1）笑：欢笑、嘲笑、微笑、奸笑、喧笑、狞笑、傻笑、讥笑、苦笑、畅笑

①欢乐的笑（　　）　　②阴险的笑（　　）　　③大声说笑（　　）
④凶狠的笑（　　）　　⑤轻蔑的笑（　　）　　⑥略带笑容的笑（　　）
⑦无意义的笑（　　）　　⑧纵情的笑（　　）　　⑨讽刺的笑（　　）
⑩心情不愉快而勉强做出笑容（　　）

（2）哭：啼哭、饮泣、啜泣、抽泣、哽咽、呜咽、痛哭、号哭

①有泪有声的哭（　　）　　②无声无泪的哭（　　）
③有泪无声的哭（　　）　　④声音低低的哭（　　）
⑤尽情地大哭（　　）　　⑥连喊带叫大声地哭（　　）
⑦发出一声声低声的哭（　　）　　⑧发出长长抽吸声的哭（　　）

16 到底哭没哭

下面10个句子中都有一个"哭"字，可是，仔细辨别一下，有些句子表示人已经哭了，有些句子则表示人还没有哭出来。请在表示人已经哭了的句子后面打"√"。

①她差点儿哭了。（　　）　　②谁说她没哭？（　　）
③没有人说她哭了。（　　）　　④她真想哭个够。（　　）
⑤她哭了个够。（　　）　　⑥谁说她哭了。（　　）
⑦没有人不说她哭了。（　　）　　⑧难道她没哭吗？（　　）
⑨她怎么可能没哭？（　　）　　⑩没有人不说她没哭。（　　）

17 怎么叫这类人

人们常把那些一知半解，却喜欢在人前卖弄的人叫（　　）。

A.半截剑　　　　B.半段枪　　　　C.半面　　　　D.半瓶醋

18 颠倒成词

"火柴"和"柴火"用的字刚好在排列上颠倒，意思不同。请写出几对类似的词语。

（　　）和（　　）　　（　　）和（　　）　　（　　）和（　　）

（　　）和（　　）　　（　　）和（　　）　　（　　）和（　　）

（　　）和（　　）　　（　　）和（　　）　　（　　）和（　　）

19 标点留客

一个潦倒的书生到友人家中做客。刚巧连日下大雨，书生在友人家里住了好几天。友人想赶他走，就写了一张字条："下雨天留客天留我不留。"字条的本意是："下雨天留客，天留我不留。"书生看后，在字条上加了一些标点。友人见了，便无可奈何地让书生继续住了下去。

你知道书生是怎么加的标点吗？

20 加标点

按句子后面括号里的意思给句子加标点（加在原句中）。

（1）哥哥弟弟被评为三好学生（二人都被评为三好学生）

（2）哥哥弟弟被评为三好学生（告诉哥哥）

（3）哥哥弟弟被评为三好学生（问哥哥）

（4）哥哥弟弟被评为三好学生（哥哥问）

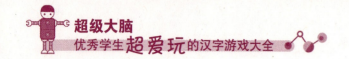

21 一个笑一个哭

某人外出做生意,给父母写了这样一封信:"儿的生活好痛苦没有粮食多病少挣了很多钱。"父母接到信后,用了不同的标点符号来停顿,结果一个笑一个哭。

读了后笑了,是因为这么读:
_____

读了后哭了,是因为这么读:
_____

22 总统候选人的幽默

一位总统候选人在竞选辩论中对他的对手说:"挣钱的办法有成千上万种,但只有一种是诚实的。"对手问:"哪一种?"他回答:"正好是您不知道的那一种。"

他通过这些话讽刺了对手(　　)。

A.知识贫乏　　B.不会挣钱　　C.缺乏诚信　　D.孤陋寡闻

23 安徒生的幽默

著名作家安徒生日常生活很俭朴。有一次,他戴着一顶破旧的帽子走在街上,有个行人嘲笑他说:"你脑袋上的那个玩意是什么?能算是帽子吗?"安徒生不露声色地回敬说:"你帽子下面那个玩意是什么?能算是脑袋吗?"

安徒生的言外之意是讽刺对方(　　)。

A.思想苍白　　B.长相不好　　C.说话粗俗　　D.生活奢侈

24 摇篮曲

音乐课上,师生正在欣赏《歌唱祖国》,老师看见一名学生正在埋头大睡,于是叫醒他说:"你怎么把《歌唱祖国》听成摇篮曲了?"学生面带愧色,却不失幽默地自我解嘲道:"_____。"

(1)把学生自我解嘲的话补充完整。
(2)老师的言外之意是什么?

25 "正义"和"灵感"

仿照下面的示例,对"正义"和"灵感"两个词进行解释,要求语言形象,富有哲理。

示例:冰——一块禁不住阳光质询的美玉。
　　　网络——一个光怪陆离的万花筒。
　　　正义——_____
　　　灵感——_____

26 天气预报

某报编辑曾别出心裁,把每天的天气预报写成诗,登在报纸固定的栏目上,很受读者欢迎。一天,报纸上又登了这样一则天气预报:"晨风吹开飘动的乌云,给城市黎明带来金黄。黄昏将有沙沙的阵雨,使喧闹的街道一片寂静。"

请根据这首诗,把当天的天气简练地概括出来。(不超过15个字)

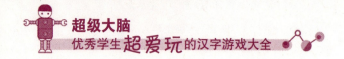

27 "而"字评语

有个学生滥用"而"字,老师在其作文的评语中写道:"当而而不而,不当而而而。而今而后,已而已而。"

你知道这位老师的评语是什么意思吗?

28 诗句评语

某学生写作文词不达意。老师在其作文的评语中写道:"两个黄鹂鸣翠柳,一行白鹭上青天。"

你知道这位老师的评语是什么意思吗?

第3章

成语大比拼
chéng yǔ dà bǐ pīn

有些成语从字面上看是很容易理解的,如"小题大做""后来居上"等,有些成语则必须知道来源或典故才能明白它的意思,如"朝三暮四""杯弓蛇影""塞翁失马"等。因此,学习成语不仅能积累词汇量,而且能增强阅读、理解水平,了解历史,拓宽知识面。恰当地使用成语,会使语言更精练,更形象生动,提高我们的写作水平。成语的这些特点,使得以成语为载体的汉字游戏特别有趣。

1 填充数字成语

(1) 千状（　）态　　(2) 惊恐（　）状　　(3) （　）人空巷
(4) 前程（　）里　　(5) 十（　）火急　　(6) （　）金之资
(7) 气象（　）千　　(8) 包罗（　）象　　(9) （　）章万句
(10) （　）孔千疮　　(11) 千奇（　）怪　　(12) （　）夫所指
(13) （　）金小姐　　(14) （　）载难逢　　(15) （　）般责难
(16) 一了（　）了　　(17) 问（　）道百　　(18) 钱过（　）斗
(19) 三回（　）次　　(20) 三六（　）等　　(21) 接（　）连三
(22) （　）人为众　　(23) 三（　）成群　　(24) （　）口相传
(25) 十围（　）攻　　(26) 五洲（　）海　　(27) 文房（　）宝
(28) 德被（　）方　　(29) （　）海为家　　(30) 七零（　）落
(31) （　）病八倒　　(32) 七孔（　）洞　　(33) 不管一（　）
(34) 合（　）为一

2 填充动物成语

(1) （　）刀小试　　(2) 鲜衣良（　）　　(3) （　）上看花
(4) （　）虫得失　　(5) （　）放南山　　(6) 害群之（　）
(7) （　）传尺素　　(8) 器（　）难投　　(9) 斗酒只（　）
(10) 以毛相（　）

3 填充植物成语

(1) 落（　）归（　）　　(2) 明日黄（　）　　(3) 粮多（　）广
(4) 种（　）得麦　　(5) 向阳（　）木　　(6) （　）生土长
(7) 金枝玉（　）　　(8) 华而不（　）

4 填充器物成语

(1) 片（　）只字　　(2)（　）香门户　　(3)（　）有所短
(4) 金（　）满堂　　(5)（　）带渐宽　　(6) 守口如（　）
(7) 华（　）初上　　(8) 轻（　）熟路　　(9) 钟（　）之乐
(10) 对（　）夜语　　(11) 鱼传（　）素　　(12) 金（　）财宝
(13) 借风推（　）　　(14) 空头支（　）　　(15) 圆孔方（　）
(16) 火上浇（　）　　(17) 一（　）之地　　(18) 装点（　）面
(19) 点（　）成金　　(20) 他山之（　）　　(21) 一（　）见血

5 填充器官成语

(1) 抓破（　）皮　　(2) 束（　）修行　　(3) 初露（　）角
(4) 冷（　）旁观　　(5) 评（　）品足　　(6) 项（　）相望
(7) 良药苦（　）　　(8) 大开（　）界　　(9) 别具只（　）
(10) 一（　）一意　　(11) 历历在（　）　　(12) 装点门（　）
(13) 站不住（　）

6 填充方位成语

(1) 树（　）开花　　(2) 上好（　）甚　　(3) 思（　）想（　）
(4)（　）里为奸　　(5) 上行（　）效　　(6) 火（　）浇油
(7) 所向无（　）　　(8) 由表及（　）　　(9) 朝野（　）下
(10) 马（　）看花　　(11) 左（　）为难　　(12) 马放（　）山
(13)（　）山再起　　(14) 内（　）交困　　(15) 茶余饭（　）
(16) 呼吸之（　）　　(17)（　）张西望　　(18)（　）紧外松
(19)（　）台老板　　(20) 冷眼（　）观　　(21) 付诸（　）流
(22) 内（　）有别　　(23)（　）院起火　　(24)（　）引曲证

7 填充比喻成语

（1）决断如（　　）　　（2）料事如（　　）　　（3）守口如（　　）
（4）危如（　　）露　　（5）（　　）如反掌　　（6）如（　　）至宝
（7）（　　）终如一　　（8）从（　　）自若　　（9）（　　）若黑白
（10）神色（　　）若

8 填充叠字成语

（1）跑跑（　　）　　（2）（　　）总总　　（3）斯斯（　　）
（4）工工（　　）　　（5）原原（　　）　　（6）（　　）出出
（7）（　　）事（　　）办　　（8）（　　）期（　　）批
（9）（　　）式（　　）样　　（10）（　　）人（　　）世
（11）（　　）种（　　）样　　（12）（　　）就（　　）位

9 填充"刀"字成语

（1）宝刀不（　　）　　（2）笑里（　　）刀　　（3）刀山（　　）海
（4）牛刀小（　　）　　（5）一刀两（　　）　　（6）刀下（　　）人
（7）手起刀（　　）

10 填充"士"字成语

（1）斗（　　）学士　　（2）皮（　　）之士
（3）端人（　　）士　　（4）善人（　　）士

11 填充"天"字成语

(1) 飞必（　）天　　(2) 一（　）天下　　(3) 天王（　）子
(4) 长江天（　）　　(5) 学（　）天人　　(6) 极天（　）地
(7) 福地（　）天　　(8) 听天由（　）　　(9) 天（　）地设
(10)（　）天吃饭　　(11) 人定（　）天　　(12) 天（　）之国
(13)（　）天之下　　(14)（　）兵天将　　(15) 天（　）地北
(16) 喜从天（　）　　(17) 天工人（　）　　(18) 受（　）于天
(19) 天上人（　）　　(20) 天下太（　）

12 填充"国"字成语

(1) 以（　）许国　　(2) 礼（　）为国　　(3) 开国（　）老
(4) 保（　）卫国　　(5) 周游（　）国　　(6) 体国（　）民
(7) 共商国（　）　　(8) 误国（　）民

13 填充"归"字成语

(1) 久（　）不归　　(2) 企而（　）归　　(3)（　）叶归根
(4) 久（　）思归　　(5)（　）死如归

14 填充"心"字成语

(1) 心心（　）印　　(2) 输心（　）意　　(3) 大（　）人心
(4) 齐心（　）力　　(5) 心服首（　）　　(6) 母子（　）心
(7) 心血来（　）　　(8)（　）以轻心　　(9) 心（　）意足
(10) 苦心（　）营　　(11) 心（　）口快　　(12) 称心如（　）
(13) 抗心希（　）　　(14) 明心（　）性　　(15) 心惊肉（　）
(16) 提心（　）口　　(17) 高下（　）心　　(18) 满心欢（　）
(19) 心中有（　）　　(20) 心领（　）会

15 填充"梅"字成语

请在空格中填入含"梅"字的植物名,使每一行前后四个字各为一个成语。

(1) 止渴望□□虚乌有　　(2) 香药脆□□样翻新
(3) 背若芒□□□明柳媚　　(4) 饭糗茹□□□妻鹤子
(5) 涉海登□□□天锦地　　(6) 岁时伏□□□朝月夜
(7) 捱三顶□□□□枝招展　　(8) 蔽日干□□□□靡风行
(9) 差三错□□□□□信年华　　(10) 白水鉴□□□□□木萧疏
(11) 鹤长凫□□□□□团锦簇　　(12) 防意如□□□□□偃风行
(13) 流离琐□□□□□香鸟语

16 填充天文、气象成语

(1) 攻城夺（　　）　　(2) 画（　　）自限　　(3) 夜以继（　　）
(4) 日程（　　）课　　(5) 风（　　）无边　　(6) 消磨岁（　　）
(7) 众（　　）环极　　(8) 春风夏（　　）　　(9) （　　）飞雨散
(10)（　　）集响应　　(11) 春（　　）雨露　　(12) 欧风美（　　）
(13) 石火（　　）光

17 填充四季、姓氏成语

(1) 满园（　　）色　　(2)（　　）去冬来　　(3) 满面含（　　）
(4) 粉面含（　　）　　(5)（　　）风亮节　　(6)（　　）武有力
(7)（　　）父之获　　(8) 名落（　　）山　　(9)（　　）故知新
(10) 死而复（　　）　　(11) 指（　　）推张　　(12)（　　）于律己
(13)（　　）朋满座　　(14)（　　）言老套　　(15)（　　）路一言

18 填充成语，使之成为小学科目

（1）色（　）两绝　　（2）略（　）攻城　　（3）（　）历在目
　　不学无（　）　　　　据（　）力争　　　　（　）无前例
（4）恶（　）中伤　　（5）（　）成一格　　（6）心中有（　）
　　大块（　）章　　　　安（　）无事　　　　市民文（　）
（7）满门（　）烈　　（8）变（　）如神　　（9）（　）儿育女
　　（　）言无味　　　　牙牙（　）语　　　　利时及（　）

19 填充省会名称

（1）声东击（　）然无恙　　（2）同舟共（　）柯一梦
（3）不谋而（　）头胖耳　　（4）地北天（　）缺勿滥
（5）源远流（　）风化雨　　（6）难能可（　）春白雪
（7）百川归（　）若悬河　　（8）金友王（　）察秋毫
（9）语重心（　）里淘金　　（10）指东骂（　）死不屈

20 请在成语中填国家名、人名或地名

（1）欧风（　）雨　　　　　（2）指（　）推张
　　天府之（　）　　　　　　空口（　）话
（3）犯（　）作乱　　　　　（4）死而复（　）
　　翻江倒（　）　　　　　　（　）官放火
（5）烟消（　）散　　　　　（6）东张（　）望
　　天（　）地北　　　　　　居（　）思危
（7）（　）艺超群
　　江（　）无极

21 趣猜"蛇"字成语

（1）书法生动气势非凡叫（　　）　　（2）做事马虎有始无终叫（　　）
（3）徒劳无功多此一举叫（　　）　　（4）好人坏人混在一起叫（　　）
（5）虚情假意敷衍应酬叫（　　）　　（6）君子受屈小人得志叫（　　）
（7）面相丑恶心术不正叫（　　）　　（8）人心不足贪得无厌叫（　　）
（9）疑神疑鬼自相惊扰叫（　　）　　（10）招惹恶人自找麻烦叫（　　）
（11）操之过急引起戒备叫（　　）　　（12）无价之宝非凡才能叫（　　）
（13）只顾眼前不计后果叫（　　）　　（14）口蜜腹剑笑里藏刀叫（　　）
（15）冷酷无情残忍无比叫（　　）　　（16）道路蜿蜒弯弯曲曲叫（　　）

22 "四十"之谜

在□里分别填上一个数字，使每一竖行是一个成语，每一横行之和等于四十。

□＋□＋□＋□＋□＋□＋□＋□＝四十
心　干　头　平　湖　上　死　全

□＋□＋□＋□＋□＋□＋□＋□＝四十
意　净　臂　稳　海　下　生　美

23 给成语中加点字注音

（1）久假（　　）不归　　（2）田父（　　）之获　　（3）称（　　）兄道弟
（4）丝毫不差（　　）　　（5）例行差（　　）事　　（6）似（　　）曾相识
（7）长歌当（　　）哭　　（8）供（　　）不应求　　（9）比权量（　　）力
（10）朝（　　）野上下　　（11）危如朝（　　）露

24 找出并改正下列成语中的错别字

（1）大势攻击（　）→（　）　　（2）史无前列（　）→（　）

（3）落叶归跟（　）→（　）　　（4）占为已有（　）→（　）

（5）包罗万像（　）→（　）　　（6）发号司令（　）→（　）

（7）千张万句（　）→（　）　　（8）心心相应（　）→（　）

（9）声罪至讨（　）→（　）　　（10）各施其职（　）→（　）

（11）语惊四坐（　）→（　）　　（12）不时之须（　）→（　）

（13）象心称意（　）→（　）　　（14）坏法乱记（　）→（　）

（15）严阵已待（　）→（　）　　（16）新成代谢（　）→（　）

（17）初露头脚（　）→（　）　　（18）旁影曲证（　）→（　）

（19）平头品足（　）→（　）　　（20）陈见错出（　）→（　）

（21）心服手背（　）→（　）　　（22）礼上往来（　）→（　）

（23）凭险做守（　）→（　）　　（24）示死如归（　）→（　）

（25）画地自现（　）→（　）　　（26）向背相望（　）→（　）

（27）按步就班（　）→（　）　　（28）名富其实（　）→（　）

（29）游行士威（　）→（　）　　（30）以古治今（　）→（　）

（31）积非成事（　）→（　）

25 填动物名组成语

填上一种动物名，使前后各成为一个成语。

（1）力大如（　）刀小试　　（2）生龙活（　）口余生

（3）关门打（　）仗人势　　（4）顺手牵（　）肠小道

26 巧串魔珠

（1）引短推（　）乐未央　　（2）极则必（　）面教员
（3）所向无（　）程万里　　（4）敢不承（　）该如此
（5）帝王将（　）机行事　　（6）短斤缺（　）全其美
（7）千载奇（　）事生端　　（8）举步生（　）月无边
（9）内外有（　）无它法　　（10）茶余饭（　）海先河
（11）你死我（　）眼现报　　（12）验明正（　）显名扬
（13）夫唱妇（　）波逐流　　（14）异军突（　）早睡晚
（15）错落不（　）心协力　　（16）量力度（　）被四方
（17）向阳花（　）本水源　　（18）优游自（　）可而止

27 相反或补充

一些成语由前后两个句子组成。如"前车之覆，后车之鉴"。下面有四个这样的成语，你能补充完整吗？

（1）前门（　）（　），后门（　）（　）
（2）得道（　）（　），失道（　）（　）
（3）前人（　）（　），后人（　）（　）
（4）兼听（　）（　），偏信（　）（　）

28 数字、词语组成语

将左边的数字和右边的词语巧妙地搭配成五个四字成语。

一二	拼凑	（1）_____
三四	颜色	（2）_____
五六	室空	（3）_____
七八	朝暮	（4）_____
九十	穷白	（5）_____

29 用成语称赞别人的长处

（1）严格地约束自己。——（　　　）

（2）自始至终一个样子，指能坚持，不间断。——（　　　）

30 填歇后语中的成语

（1）戏台下读《四书》——（　　　）　　（2）人死大夫到——（　　　）

（3）九牛失一毛——（　　　）　　（4）超载的火车——（　　　）

（5）三天不睡觉——（　　　）

31 成语火车

把从"一"到"十"的成语补充完整。

（1）一帆风顺——_____——_____——四面楚歌——_____——

六神无主——_____——_____——_____——_____——

（2）_____——二虎相斗——三羊开泰——_____——五颜六色——

_____——七嘴八舌——_____——九牛一毛——十万火急

32 选择反义词

成语"鼠目寸光、雪中送炭、事半功倍、腰缠万贯、名副其实"的反义词，最恰当的一项是（　　　）。

A.胸怀大志　锦上添花　一箭双雕　一贫如洗　徒有虚名

B.目光远大　漠不关心　事倍功半　衣衫褴褛　名不副实

C.高瞻远瞩　漠不关心　事倍功半　一贫如洗　名不副实

D.高瞻远瞩　锦上添花　一箭双雕　衣衫褴褛　滥竽充数

33 开火车，学成语

下面有三列"成语火车"，请找到空白车厢里的"乘客"，完成成语接龙。

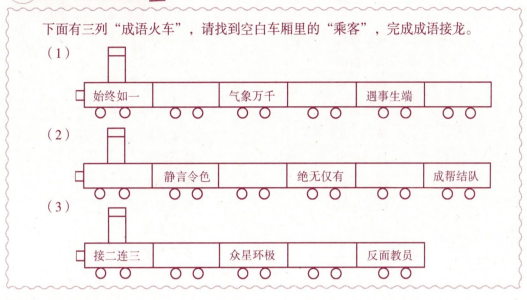

(1) 始终如一 □ 气象万千 □ 遇事生端 □

(2) □ 静言令色 □ 绝无仅有 □ 成帮结队

(3) 接二连三 □ 众星环极 □ 反面教员

34 拼图片，识成语

下面各组分别是一个正方体的六个面，找出正方体所包含的成语。

(1) 皮开 | 立业 | 侵犯 | 开基 | 不可 | 肉绽

(2) 切近 | 告友 | 因果 | 求亲 | 报应 | 得当

(3) 结党 | 深谋 | 讲古 | 连群 | 论今 | 远虑

(4) 保家 | 增收 | 还原 | 安民 | 反本 | 节支

(5) 通风 | 片言 | 相去 | 只字 | 报信 | 几何

35 找出反义成语并连线

得过且过　　　　　精益求精
出头露面　　　　　一模一样
别具一格　　　　　一目了然
可想而知　　　　　天差地别
情同手足　　　　　无足轻重
自力更生　　　　　势不两立
深不可测　　　　　深居简出
价值连城　　　　　饭来张口
非同小可　　　　　一文不值
相差无几　　　　　不可思议

36 成语的逻辑顺序

下列四个成语的逻辑顺序正确的一项是（　　）。
A.波涛起伏→汹涌澎湃→微波荡漾→水平如镜
B.水平如镜→微波荡漾→汹涌澎湃→波涛起伏
C.波涛起伏→汹涌澎湃→水平如镜→微波荡漾
D.汹涌澎湃→波涛起伏→微波荡漾→水平如镜

37 两两相拼组成语

请把"黄、牛、取、走、一、木、少、女"八个字两两相拼组成四个新字，并且组成一个成语。

38 《静夜思》组成语

唐朝诗人李白的《静夜思》，每个字都可以组成一个成语，你能在下面的空格里各填3个字，组成20个成语吗？

床	疑	举	低
前	是	头	头
明	地	望	思
月	上	明	故
光	霜	月	乡

39 成语转换

（1）叶公好龙——　　　　（2）鹦鹉学舌——

（3）南辕北辙——　　　　（4）病入膏肓——

（5）方凿圆枘——　　　　（6）量体裁衣——

（7）洛阳纸贵——　　　　（8）投桃报李——

40 俗语换成语

（1）打开天窗说亮话——　　　　（2）赶鸭子上架——

（3）横挑鼻子竖挑眼——　　　　（4）好虎架不住一群狼——

（5）躲过了风暴又遭雨——　　　　（6）此地无银三百两——

（7）这山望着那山高——　　　　（8）鸡蛋里挑骨头——

（9）吃着碗里瞧着锅里——　　　　（10）井里打水往河里倒——

（11）衣上有虱烧棉袄——　　　　（12）顾了吹笛顾不了捏眼——

41 根据古诗文写成语

(1) 虽鞭之长,不及马腹。——
(2) 欲觉闻晨钟,令人发深省。——
(3) 见义不为,无勇也。——
(4) 吾有卿之名而无其实。——
(5) 春风得意马蹄疾,一日看尽长安花。——

42 源于历史典故的歇后语成语

(1) 齐桓公的老马——   (2) 赵括打仗——
(3) 鲁班皱眉头——   (4) 陈胜扯旗——
(5) 楚霸王自刎——   (6) 李世民开言路——
(7) 秦叔宝卖马——   (8) 穆桂英挂帅——

43 源于神话传说的歇后语成语

(1) 龙王爷亮相——   (2) 老寿星打哈欠——
(3) 王母娘娘走亲戚——   (4) 阎王爷当木匠——
(5) 小鬼拜见张天师——   (6) 土地爷喊城隍——
(7) 城隍庙里讲故事——   (8) 彭祖遇寿星——

44 《红楼梦》中的歇后语成语

(1) 贾府的大观园——   (2) 贾宝玉看西厢——
(3) 贾宝玉出家——   (4) 贾宝玉游魂——
(5) 林黛玉进贾府——   (6) 林黛玉的身子——
(7) 王熙凤的为人——   (8) 刘姥姥进大观园——

45 《西游记》中的歇后语成语

（1）唐三藏取经——
（2）孙悟空拜唐僧——
（3）孙悟空七十二变——
（4）孙猴子上天宫——
（5）猪八戒扮新娘——
（6）猪八戒吃猪肉——
（7）沙僧挑胆子——
（8）白骨精遇上孙悟空——

46 《水浒传》中的歇后语成语

（1）宋江的眼泪——
（2）李逵上阵——
（3）李逵穿针——
（4）史进认师父——
（5）林冲上山——
（6）孙二娘开店——
（7）石迁偷鸡——
（8）潘金莲给武松敬酒——

47 《三国演义》中的歇后语成语

（1）刘备当皇叔——
（2）东吴招亲——
（3）曹操杀吉平——
（4）诸葛亮放孟获——
（5）黄忠射箭——
（6）吕布拜董卓——
（7）张飞耍杠子——
（8）许褚战马超——

48 比喻性歇后语成语

（1）斑马的脑袋——
（2）被面上刺绣——
（3）鞋头上绣花——
（4）千里马长翅膀——
（5）针尖上的灰尘——
（6）脑袋上推小车——
（7）肥狗咬主人——
（8）麦秆上插针——
（9）骆驼走路——

49 日常生活与歇后语成语

（1）撑阳伞戴凉帽——
（2）歪脖子拉小提琴——
（3）摇扇子聊天——
（4）船老大坐后艄——
（5）平地搭梯子——
（6）父子观虎斗——

50 新生事物与歇后语成语

（1）坐飞机讲报告——
（2）导游带路——
（3）特快列车进隧道——
（4）千里打电话——
（5）民航局开业——
（6）摩天楼上说书——
（7）胸腹透视——
（8）广交会上签合同——

51 "动物"地名填成语

请在下面的空格中填入含有动物的地名，使其前后各组成一个四字成语。

（1）奉为至□□鸣而起
（2）见鞍思□□楼凤阁
（3）云中白□□鸣谷应
（4）众盲摸□□鸡舞镜
（5）沉鱼落□□容海纳
（6）放牛归□□山阻隔
（7）东兔西□□海韩潮
（8）妙手丹□□续悬鱼
（9）谈笑封□□前泼水
（10）杳如黄□□吊不行
（11）家道小□□首是瞻
（12）三写成□□桂齐芳
（13）庄周梦□□中宰相
（14）包罗万□□官放火
（15）见卵求□□绝一时
（16）中原逐□□石膏肓
（17）照猫画□□山之功
（18）化枭为□□心补漏
（19）弹铗无□□阁生风
（20）心头撞□□北徐公
（21）牛刀割□□被后世
（22）闲云野□□垒森严
（23）枭鳖脍□□下之辱
（24）河鱼天□□回路转
（25）成仁取□□飞兔走
（26）伯乐相□□生抱柱
（27）爱屋及□□水难量
（28）呆若木□□劳西燕
（29）风车云□□□明水秀

40

52 "气象"地名填成语

请在下面的空格中填入地名(地名中含有气象词语),使每一行前后四个字各为一个成语。

(1) 叱咤风□□阁生风　　(2) 良辰吉□□本宣科
(3) 暴跳如□□回路转　　(4) 追风逐□□驹过隙
(5) 一雷二□□应外合　　(6) 腾云驾□□鼠城狐
(7) 丹凤朝□□意盎然　　(8) 堆金积□□□清水秀
(9) 和风细□□□不拾遗

53 春节传统习俗填成语

请在下面的空格中填入春节的传统习俗,使每一行前后四个字各为一个成语。

(1) 一网尽□□羹涂饭　　(2) 顶礼膜□□逾古稀
(3) 玩忽职□□月蹉跎　　(4) 阿谀逢□□暖花开
(5) 不惑之□□□来张口　(6) 手到病□□□以继日
(7) 百花齐□□□篮打水　(8) 雷击墙□□□可通神
(9) 温柔体□□□枝招展　(10) 妥妥帖□□□龙点睛
(11) 服服帖□□□正腔圆

54 花名填成语

请在下面的空格中填入花名,使每一行前后四个字各为一个成语。

(1) 天下第□□红火火　　(2) 依山傍□□山琼阁
(3) 人一己□□花绿绿　　(4) 沙里淘□□到擒来
(5) 摆老资□□花哨哨　　(6) 葱葱郁□□象绝流
(7) 春兰秋□□花世界　　(8) 十年磨□□芷之室
(9) 榷酒征□□花点点

55 中国象棋术语填成语

中国象棋有着悠久的历史，是一项流行极为广泛的棋艺活动。请在下面的空格中填入象棋相关术语，使每一行前后四个字各为一个成语。

(1) 言十妄□□车晏驾　　(2) 昼警暮□□东狮吼

(3) 不求甚□□鸡吓猴　　(4) 如意算□□到成功

(5) 塞翁失□□火连天　　(6) 半斤八□□蝎心肠

(7) 锦上添□□牙之塔　　(8) 闭门思□□不厌诈

(9) 学富五□□□人如麻　　(10) 鸟枪换□□□里淘金

(11) 粉饰太□□□水马龙　　(12) 独一无□□□庭若市

56 中国历史遗址填成语

古遗址的发现，对研究中国古代历史有着重要的意义。请在下面的空格中填入中国重点文物保护的古遗址名，使每一行前后四个字各为一个成语。

(1) 刚直不□□车晚出

(2) 温文尔□□光山色

(3) 狂妄自□□邻金虎

(4) 通今博□□富民强

(5) 谈笑封□□泰民安

(6) 彪形大□□门鱼殃

(7) 伯劳飞□□□狐社鼠

(8) 一清二□□□下之盟

(9) 完璧归□□□北徐公

(10) 同工异□□□□下之辱

57 中国神话故事填成语

中国经典神话故事奇妙多姿，浓缩了丰厚的历史文化，是中华民族璀璨的文化瑰宝。请在下面的空格中填入相应的神话故事名，使每一行前后四个字各为一个成语。

（1）碧海青□□□套成龙　　　（2）风花雪□□□碑立传

（3）善男信□□□定胜天　　　（4）自卖自□□□新月异

（5）茶余饭□□□薄西山　　　（6）才疏志□□□到渠成

（7）庖丁解□□□中豪杰　　　（8）暗渡陈□□□正腔圆

（9）无法无□□□已成舟　　　（10）车水马□□□愤龙愁

（11）精益求□□□阔天空　　　（12）横七竖□□□市蜃楼

（13）聚精会□□□□木皆兵　　（14）明正典□□□□戚具尔

（15）卧虎藏□□□□客颠倒　　（16）如意算□□□□北天南

58 中国著名古城填成语

中国有许多古城，如凤凰古城、歙县古城、阆中古城等，这些古城历史悠久，文化丰富。请在下面的空格中填入中国的古城名，使每一行前后四个字各为一个成语。

（1）天下承□遥无期　　　（2）沉博绝□左夷吾

（3）自高自□过其辞　　　（4）被苦蒙□官放火

（5）一片宫□山之功　　　（6）高高兴□府深沉

（7）云起龙□关三迭　　　（8）天理昭□被万方

（9）枕流漱□□清海晏　　（10）说东道□□安分分

43

59 中国著名古镇填成语

请在下面的空格中填入中国古镇名，使每一行前后四个字各为一个成语。

(1) 药店飞□庭若市　　(2) 衣食不□严宝相
(3) 天下太□遥领先　　(4) 百废俱□步当车
(5) 沉博绝□河行地　　(6) 慎身修□于一尊
(7) 春暖花□步登天　　(8) 百发百□木自寇
(9) 近水楼□□生梦蝶　(10) 张王赵□□鸟越吟
(11) 举一反□清海晏　　(12) 纸贵洛□高水长
(13) 天下太□不思蜀　　(14) 取精用□酒野蔬
(15) 人民城□若观火　　(16) 气象万□火辉煌
(17) 转危为□不容辞　　(18) 问罪之□□满壕平
(19) 举一反□左夷吾　　(20) 自高自□过其辞
(21) 平地起□木自寇　　(22) 运时开□缺毋滥
(23) 面红耳□坷不平　　(24) 函盖充□邻乡舍

60 中国赏梅胜地填成语

中国赏梅胜地较多，如无锡梅园、贵州荔波、青岛十梅庵等。请在下面的空格中填入观赏梅花的景点，使每一行前后四个字各为一个成语。

(1) 移东就□复整妆　　(2) 负气含□回路转
(3) 面北眉□中宰相　　(4) 好事多□长水阔
(5) 南面称□节藻梲　　(6) 止渴思□□积波委
(7) 门可张□□穷水尽　(8) 拙贝罗□□水群飞
(9) 龙举云□□邻金虎　(10) 药店飞□□鸡舞镜
(11) 从善如□□案萤灯　(12) 旦种暮□□皇正大
(13) 恩同山□□马砺兵　(14) 推东主□□丑德齐

61 中国赏雪胜地填成语

请在下面的空格中填入中国的赏雪胜地名，使每一行前后四个字各为一个成语。

（1）拆东补□□□□案萤灯　　（2）面北眉□□□□上加霜
（3）昆山片□□□□虐风饕　　（4）泛浩摩□□□□泥鸿迹
（5）多谋善□□□□碗冰瓯　　（6）衣紫腰□□□□血力战
（7）饮马长□□□□天萤席　　（8）穷猿投□□□□始反终
（9）龙血玄□□□□星庆云　　（10）如锥画□□□□操冰心
（11）规贤矩□□□□入桑榆　　（12）止渴望□□□□肴野蔌
（13）拿三搬□□□□鸡舞镜　　（14）大声疾□□□□鬓霜鬟
（15）绚丽多□□□□中送炭　　（16）饮马长□□□□花飞舞
（17）雪北香□□□□上加霜　　（18）黔驴技□□□□枝挂剑
（19）微乎其□□□□泥鸿爪　　（20）山穷水□□□□碗冰瓯
（21）天下太□□□□中送炭　　（22）自高自□□□□窖冰天
（23）万象森□□□□影绰绰　　（24）灿若披□□□□费笔墨
（25）拆东补□□□□飘如絮　　（26）一穷二□□□□月光风
（27）山南海□□□□窗萤火　　（28）老老少□□□□案萤窗
（29）马水车□□□□泥鸿迹　　（30）桀犬吠□□□□天萤席
（31）琵琶别□□□□兆丰年　　（32）说东谈□□□□中鸿爪
（33）白发苍□□□□耻报仇

62 中国赏竹胜地填成语

中国赏竹胜地，如安徽闵园、广西兴坪等。请在下面的空格中填入中国赏竹胜地名，使每一行前后四个字各为一个成语。

（1）坐卧不□□祥如意　　（2）胸有成□□阔天空
（3）僵李代□□河日下　　（4）如意郎□□高水远
（5）无适无□□穷水尽　　（6）大失所□□堂馆所

63 中国十大山洞填成语

请在下面的空格中填入中国的十大山洞名，使每一行前后四个字各为一个成语。

(1) 称帝称□□□幽察微　　(2) 原原委□□□□如观火
(3) 说东道□□□房花烛　　(4) 声东击□□□□察一切
(5) 金无足□□□□察秋毫　　(6) 妙手丹□□□□察其奸
(7) 门口张□□□□见肺腑　　(8) 高山密□□□□天福地
(9) 寻章摘□□□□悉底蕴　　(10) 袆扨囊□□□□幽烛远

64 中国著名雪山填成语

请在下面的空格中填入中国的著名雪山名，使每一行前后四个字各为一个成语。

(1) 鸡犬皆□□□不移晷　　(2) 洪炉点□□□针续麻
(3) 为丛驱□□□光水色　　(4) 香药脆□□□摇地动
(5) 称臣纳□□□中宰相　　(6) 出幽迁□□□回路转
(7) 什伍东□□□复整妆　　(8) 批红判□□□公倒载
(9) 牵五挂□□□肤水豢　　(10) 十人九□□□物致知
(11) 不壹而□□□川米聚　　(12) 地北天□□□解星散
(13) 铄金点□□□砠水厓　　(14) 殊深轸□□□枯折朽

65 中国十大瀑布填成语

请在下面的空格中填入中国十大秀美瀑布名，使每一行前后四个字各为一个成语。

(1) 对答如□□□里淘金　　(2) 三顾茅□□□穷水尽
(3) 中流一□□□是心非　　(4) 同心同□□□高地厚
(5) 信口雌□□□高千丈　　(6) 单枪匹□□□东狮吼
(7) 以人为□□□光山色　　(8) 发扬光□□□宅闭门
(9) 衣紫腰□□□欢可拾　　(10) 举十知□□□沟坎坎

46

66 中国国家地质公园填成语

请在下面的空格中填入中国国家地质公园名，使每一行前后四个字各为一个成语。

(1) 一清二□□□呼海啸
(2) 拔十得□□□肴野蔌
(3) 正大不□□□木自寇
(4) 镂玉裁□□□满壕平
(5) 锦上添□□□□□寒洞肃
(6) 自高自□□□栖谷饮
(7) 一穷二□□□洋自得
(8) 举一反□□□河表里
(9) 运时开□□光水色
(10) 人云亦□□□川米聚
(11) 三江五□□□栖谷饮
(12) 文山会□□□沟坎坎
(13) 枕流漱□□□林总总
(14) 争鸡失□□□井有条
(15) 雨过天□□□光山色

67 长城关口填成语

请在下面的空格中填入长城关口名，使每一行前后四个字各为一个成语。

(1) 岁月不□□□门打狗
(2) 钟鼓馔□□□门大吉
(3) 临渴穿□□□门落日
(4) 争猫丢□□□狐社鼠
(5) 指鹿为□□□不择言
(6) 倚老卖□□□晕眼花
(7) 举一反□□□私舞弊
(8) 笔墨官□□□阁生风
(9) 言十妄□□□阁台榭
(10) 陶犬瓦□□□耳偷铃
(11) 学富才□□□井夷灶
(12) 驱羊战□□□呆目瞪
(13) 山南海□□□呆目钝
(14) 鱼跃鸢□□□出狂言
(15) 标枝野□□□门闭户

68 中国世界地质公园填成语

请在下面的空格中填入中国世界地质公园名，使每一行前后四个字各为一个成语。

（1）七青八□□川米聚　　（2）三顾茅□□光水色
（3）人云亦□□河表里　　（4）枕流漱□□寒洞肃
（5）万应灵□□呼海啸　　（6）拔十得□□□鱼笼鸟
（7）运时开□缺毋滥　　　（8）高高兴□□修武偃
（9）国安民□溜穿石　　　（10）三班六□□明水秀
（11）虚堂悬□□光山色　　（12）膝行蒲□□栖谷饮
（13）叶公好□□木自寇　　（14）坐井观□□肴野蔌
（15）举一反□□包海容　　（16）无往不□□□腾兀兀

69 中国国家级自然保护区填成语

请在下面的空格中填入国家级自然保护区名，使每一行前后四个字各为一个成语。

（1）轻轻松□□肴野蔌　　（2）七七八□□□包海容
（3）欺大压□□□长水阔　（4）鸡犬皆□□□见底蕴
（5）老老大□□栖谷饮　　（6）宿弊一□□□回路转
（7）旭日东□□海飘零　　（8）下笔成□□川米聚
（9）天大地□□高水低　　（10）雨过天□□□吃海喝
（11）拔十得□□□寒水冷

70 十二生肖地名填成语

请在下面的空格中填入十二生肖地名，使每一行前后四个字各为一个成语。

（1）以狸致□□坊邻居　　（2）争猫丢□□坊邻舍
（3）引狼拒□□庭若市　　（4）守株待□□谈市语
（5）虚与委□□碑载道　　（6）骑马找□□晕目眩
（7）杀鸡吓□□心木肠　　（8）陶犬瓦□□□木自寇
（9）泥猪瓦□□头市尾　　（10）一龙一□□头巷口
（11）叶公好□□阁生风　　（12）叱石成□□□神弄鬼

71 "花草树木"地名填成语

请在下面的空格中填入含有花草树木的地名,使每行前后四个字各为一个成语。

(1)玉树芝□□壑无厌　　(2)衣宽带□□关大道

(3)景入桑□□大招风　　(4)骊黄牝□□书白马

(5)名列前□□穿雁嘴　　(6)茂林修□□鸣谷应

(7)地棘天□□官放火　　(8)衣宽带□□蔓难图

(9)龙血玄□□妻鹤子　　(10)纷乱如□下之盟

(11)飘飘欲□□李春风　　(12)将李代□□头活水

(13)饱经沧□□发冲冠　　(14)食玉炊□□关三迭

(15)月中折□□兔西乌　　(16)报李投□□天一色

(17)圆孔方□□桂齐芳　　(18)止渴思□□角生风

72 外来入侵植物填成语

请在下面的空格中填入相应的外来入侵植物名,使每一行前后四个字各为一个成语。

(1)迟疑不□□镜高悬　　(2)瘠牛羸□□长莺飞

(3)唇枪舌□□木不仁　　(4)刮骨去□□饭豆羹

(5)单枪匹□□心如故　　(6)健步如□□菅人命

(7)驾鹤成□□上明珠　　(8)扃金溺□□老荷枯

(9)百里挑□□生麻中　　(10)巴山蜀□□搬硬套

(11)不拘小□□木皆兵　　(12)庖丁解□□曰诗云

(13)大红大□□□因絮果　　(14)天马行□□□船借箭

(15)天南地□□□□率从事　　(16)风雨交□□□□言巧语

73 多肉植物名称填成语

请在下面的空格中填入相应的多肉植物名，使每一行前后四个字各为一个成语。

(1) 冰雪聪□□花水月　　(2) 青出于□□柏之志
(3) 厨金溺□□罗棋布　　(4) 暴跳如□□心未泯
(5) 气象万□□到擒来　　(6) 妙趣横□□团锦簇
(7) 万紫千□□女情长　　(8) 奇花异□□才扬己
(9) 思绪万□□闻目睹　　(10) 博采众□□好月圆
(11) 半青半□□□澜壮阔　　(12) 敝帚自□□□因絮果
(13) 信口雌□□□晕而风　　(14) 去天尺□□□洁冰清
(15) 信口雌□□句清词　　(16) 面如冠□□枕温席
(17) 锦上添□□以继日　　(18) 气贯长□□树临风
(19) 大步流□□娲补天　　(20) 嘲风弄□□闻目睹
(21) 海立云□□木皆兵　　(22) 飘飘欲□□上明珠
(23) 滴水穿□□好月圆　　(24) 凡夫俗□□□而不实
(25) 破镜重□□□才扬己　　(26) 拍手称□□□木不仁
(27) 思绪万□□□□柏之寿　　(28) 饿虎饥□□□□土重来

74 牡丹别名填成语

牡丹为花中之王，有"国色天香"之称。请在下面的空格中填入牡丹的别名，使每一行前后四个字各为一个成语。

(1) 妙笔生□□来居上　　(2) 荣华富□□囊羞涩
(3) 巾帼英□□光满面　　(4) 论功行□□死他乡
(5) 胆小如□□息养奸　　(6) 大莫与□□前月下
(7) 移花接□□笼中物　　(8) 惩一儆□□石为开

75 "年宵花"填成语

春节期间，人们习惯用各色花来装饰房间，增添节日喜庆气氛，这样的花又称为年宵花。请在下面的空格中填入相应的"年宵花"名，使每一行前后四个字各为一个成语。

(1) 巴山蜀□□姿玉色　　　　(2) 借花献□□舞足蹈
(3) 万紫千□□上明珠　　　　(4) 姹紫嫣□□联璧合
(5) 家道小□□香祷祝　　　　(6) 驾鹤成□□龙去脉
(7) 国无二□□质薰心　　　　(8) 半青半□□不其然
(9) 物华天□□火辉煌　　　　(10) 鸟语花□□篮打水
(11) 落井下□□芝常生　　　　(12) 功德圆□□装素裹
(13) 腰金衣□□珽之器　　　　(14) 芬芳馥□□火因缘
(15) 发扬光□□□因絮果　　　(16) 信口雌□□肋插刀
(17) 梦里□□桂腾芳　　　　(18) 自高自□□□姿蕙质
(19) 白白朱□□红火火　　　　(20) 姹紫嫣□□上观文
(21) 祥麟威□□花带雨　　　　(22) 招财进□□火辉煌
(23) 依山傍□□山琼阁　　　　(24) 闲云野□□质熏心
(25) 推三阻□□□玉满堂　　　(26) 身心健□□□香祷祝
(27) 山高水□□□团锦簇　　　(28) 稳如泰□□余饭饱

76 牡丹名品填成语

请在下面的空格中填入相应的牡丹名品，使每一行前后四个字各为一个成语。

(1) 生张熟□□气东来　　　　(2) 独一无□□迁之喜
(3) 豆萁燃□□草如茵　　　　(4) 围魏救□□妆玉砌
(5) 起早贪□□梧奇伟　　　　(6) 以书为□□梁美梦
(7) 不舍昼□□璧无瑕　　　　(8) 安于现□□豆相思
(9) 青出于□□洁冰清　　　　(10) 才疏志□□饰太平
(11) 粉白黛□□碧辉煌　　　　(12) 赴汤蹈□□青妙手
(13) 洛阳纸□□□落乌啼　　　(14) 一诺千□□□礼膜拜

77 芍药别名填成语

请在下面的空格中填入相应的芍药别名，使每一行前后四个字各为一个成语。

(1) 锦上添□□貌堂堂　　(2) 片甲不□□然自若
(3) 金屋藏□□光焕发　　(4) 游刃有□□头过身
(5) 日就月□□经叛道　　(6) 光怪陆□□长莺飞
(7) 不求甚□□皇出逃　　(8) 铸剑为□□指大动
(9) 击排冒□□□好月圆　(10) 奇花异□□到病除

78 芍药名品填成语

请在下面的空格中填入芍药名品，使每一行前后四个字各为一个成语。

(1) 大红大□□□榜题名　　(2) 白兔赤□□□不忘衰
(3) 白白朱□□游无度　　　(4) 百步穿□□□血奋战
(5) 磨穿铁□□□波碌碌　　(6) 游戏翰□□□堂馆所
(7) 唾玉钩□□枪实弹　　　(8) 自高自□□□人眼高
(9) 祥麟威□□□□中之物　(10) 镂玉裁□□过于蓝
(11) 瑶草琪□□□□阁台榭　(12) 衣紫腰□□□□□笏登场

79 茉莉花别名填成语

请在下面的空格中填入茉莉花别名，使每一行前后四个字各为一个成语。

(1) 万壑千□□花哨哨　　(2) 岁聿其□□花绿绿
(3) 朝闻夕□□句清词　　(4) 神出鬼□□利索索
(5) 东涂西□□精为治　　(6) 移花接□□花世界
(7) 浓妆艳□□历可辨　　(8) 举一反□□□□花点点
(9) 淡妆轻□□句清辞　　(10) 崇本抑□□市三倍

80 桃花名品填成语

请在下面的空格中填入桃花名品，使每一行前后四个字各为一个成语。

（1）一穷二□□□夭柳媚　　　（2）孤孤单□□面含春

（3）姚黄魏□□□蔚云蒸　　　（4）十十五□□□夭新妇

（5）犀燃烛□□□红火火　　　（6）砌红堆□□□繁叶茂

（7）说一不□□□夭李艳　　　（8）春兰秋□□□羞李让

（9）欺大压□□□□□蹊柳曲　　（10）自高自□□□□□李门墙

（11）三三五□□□□□李之教　　（12）气象万□□□□□灯绿酒

（13）艳紫妖□□□□李之馈　　（14）大红大□□□□李争妍

（15）花花绿□□□□蹊柳陌　　（16）涕泪交□□□□腮杏脸

（17）寻衅索□□□□星之火　　（18）延年益□□□□李争辉

81 丁香花别名填成语

请在下面的空格中填入丁香花的别名，使每一行前后四个字各为一个成语。

（1）杀一儆□□发夫妻　　　（2）艰苦朴□□囊羞涩

（3）触景生□□客气气　　　（4）牛刀割□□气袭人

（5）不识一□□□消玉碎　　（6）带金佩□□□飘万里

（7）爱民如□□车宝马　　　（8）乐不可□□消玉殒

（9）无名英□□□象渡河　　（10）克己奉□□□草美人

（11）车水马□□□子孙孙　　（12）挥洒自□□□火不绝

（13）敲诈勒□□□闺绣阁　　（14）歼一警□□□香祷祝

（15）一以当□□□红柳绿

82 山茶花名品填成语

山茶花名品有很多，如"绿珠球""花鹤翎""华芙蓉"等。请在下面的空格中填入山茶花的名品，使每一行前后四个字各为一个成语。

(1) 傲霜斗□□如日星　　(2) 雾里看□□心碧血

(3) 以一当□□上添花　　(4) 走马观□□鼎大名

(5) 颠鸾倒□□余饭后　　(6) 不舞之□□杏出墙

(7) 横七竖□□媒费黛　　(8) 衣宽带□□次栉比

(9) 鹅毛大□□豆相思　　(10) 刻骨仇□□傲自大

(11) 打鸭惊□□□冕堂皇　　(12) 一五一□□□饱马腾

(13) 玉树临□□□肝义胆　　(14) 傅粉施□□□笏登场

(15) 风流潇□□□联璧合

83 茶之雅称填成语

茶，在古代可谓是一物多名，雅称甚多。请在下面的空格中填入相应的"茶"的雅称，使每一行前后四个字各为一个成语。

(1) 玉洁冰□□风子雨　　(2) 锦上添□□臭未干

(3) 白发苍□□海青天　　(4) 春花秋□□头聚面

(5) 浪酒闲□□开得胜　　(6) 食不求□□服玉食

(7) 珠箔银□□歌季舞　　(8) 币重言□□才扬己

(9) 桃红柳□□树临风　　(10) 斩钉截□□武托孤

(11) 月朗风□□□碑立传　　(12) 进可替□□□门似海

(13) 含辛茹□□□道尊严　　(14) 疾风劲□□□姿飒爽

84 鸟之雅号填成语

鸟是人类的朋友，人们给鸟冠以种种雅号。请根据括号中的提示，在下面的空格中填入这些鸟的雅号，使每行前后四个字各组成一个成语。

(1) 气壮如□　□死不渝（八哥）
(2) 一扫而□　□困覆车（鸽）
(3) 饮马长□　□囊羞涩（鸥）
(4) 竭智尽□　□乖弄巧（雁）
(5) 人去楼□　□落平川（鹰）
(6) 着手成□　□也之乎（燕子）
(7) 地利人□　□智使勇（鸽子）
(8) 万事大□　□尽弓藏（喜鹊）
(9) 舐犊之□　□语花香（鸳鸯）
(10) 蔓草难□　□挥目送（燕鸻）
(11) 一石二□　□生小子（孔雀）
(12) 笼中之□　□中丈夫（天鹅）
(13) 河目海□　□给人足（乌鸦）
(14) 有脚阳□　□贤任能（杜鹃）
(15) 衔环结□　□足胼胝（云雀）
(16) 笔墨之□　□无寸铁（画眉）
(17) 怦然心□　□辰日月（鹡鸰）
(18) 教一识□　□佐之才（秃鹫）
(19) 寒蝉僵□　□移斗转（百灵）
(20) 剑戟森□　□子自道（啄木鸟）
(21) 灰飞烟□　□道从容（猫头鹰）
(22) 惊弓之□　□衣浅带（缝叶莺）
(23) 相亲相□　□足之情（东方鸻）
(24) 说白道□　□脚干净（黄鹂）
(25) 声势浩□　□□力悉敌（兀鹰）

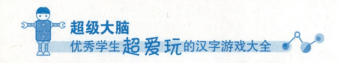

85 雪的别称填成语

请在下面的空格中填入相应的雪的别称，使每一行前后四个字各为一个成语。

（1）堆金积□　□飞凤舞　　（2）岁暮天□　□雄气短
（3）如花似□　□恋蜂狂　　（4）目注心□　□后春笋
（5）断手续□　□饭涂羹　　（6）屙金溺□　□红贯朽
（7）浑金璞□　□好月圆　　（8）镂冰雕□　□姿飒爽
（9）面如冠□　□鸥翔集　　（10）守身如□　□声茂实
（11）心灰意□　□璧无瑕　　（12）呼幺喝□　□团锦簇

86 蛇的名称填成语

请在下面的空格中填入相应的蛇的名称，使每一行前后四个字各为一个成语。

（1）奇花异□　□黄腾达（蝮蛇）
（2）擒贼擒□　□心佛口（蟒蛇）
（3）近火先□　□山蜀水（竹叶青）
（4）欺大压□　□马精神（翠青蛇）
（5）半青半□　□冠天下（金环蛇）
（6）青红皂□　□灯瞎火（银环蛇）
（7）守身如□　□食鲸吞（玉斑锦蛇）
（8）闭门思□　□新立异（眼镜王蛇）
（9）赴汤蹈□　□虚乌有（赤链蛇）

87 趣填"蛇"字植物名

请在下面的空格中填入相应的"蛇"字植物，使每一行前后四个字各为一个成语。

（1）笔走龙□　□上安床　　（2）拨草寻□　□熟蒂落
（3）封豕长□　□木不仁　　（4）弓影杯□　□已成舟
（5）打草惊□　□庭若市　　（6）春蚓秋□　□老荷枯
（7）虚与委□　□不其然　　（8）含冤莫□　□木皆兵
（9）青红皂□　□□木皆兵

88 趣填"马"字植物名

请在下面的空格中填入首字为"马"的植物名，使每一行前后四个字各为一个成语。

(1) 风樯阵□□芝常生　　(2) 朽索驭□□临晋帖
(3) 鲜衣怒□□目时艰　　(4) 青衫司□□心石腹
(5) 五花杀□□□落归本　　(6) 洗兵牧□□心如故
(7) 讳树数□□焰万丈　　(8) 讳树数□□风霁月
(9) 飞鹰走□□翅擘海　　(10) 飞鹰走□□满图圄
(11) 童牛角□□人守日　　(12) 乌焉成□□网珊瑚
(13) 土牛木□□柏寒盟　　(14) 短衣匹□□头削铁
(15) 寒蝉仗□□藿倾阳　　(16) 嵩生岳□□首是瞻
(17) 短衣匹□□同拔异　　(18) 横戈跃□□创未就
(19) 悬车束□□花供养　　(20) 饿莩遍□□风掣电
(21) 高头大□□熏桂馥　　(22) 敲牛宰□□蔬之色
(23) 休牛散□□□栗危惧　　(24) 青丝白□□□弧蒿矢
(25) 鲜衣良□□□德务滋　　(26) 回嗔作□□□絮才高
(27) 血泪斑□□□顶至踵　　(28) 可见一□□□□干鸟栖
(29) 膏车秣□□□□第连云　　(30) 寸善片□□□□元立嫡

89 趣填"马"字动物名

请在下面的空格中填入相应的"马"字动物名，使每行前后四个字各为一个成语。

(1) 见鞍思□□离斑驳　　(2) 伯乐相□□房蚁穴
(3) 放牛归□□死谁手　　(4) 飞鹰走□□心豹胆
(5) 显露头□□如游龙　　(6) 带砺山□□不解鞍
(7) 拔山超□□首欲东　　(8) 窥豹一□□到成功
(9) 横刀跃□□罴入梦　　(10) 青衫司□□拥而来
(11) 单枪匹□□口蜂针　　(12) 脱缰之□□蝎心肠
(13) 铜围铁□□□大心细　　(14) 丰亨豫□□□贯而行

90 趣填"马"字山名

请在下面的空格中填入中国含"马"字的山名，使每一行前后四个字各为一个成语。

(1) 持戈试□□遥路远　　(2) 丹书白□□□阴夜雪

(3) 避世金□□□峙渊渟　　(4) 唇红齿□□□吟泽唱

(5) 飞鹰走□□□重水复　　(6) 伏而咶□□□中宰相

(7) 空室清□□□崩川竭　　(8) 风车雨□□□长水阔

(9) 膏车秣□□□包海容　　(10) 横戈盘□□□复整妆

(11) 貌似强□□□公倒载　　(12) 寡二少□□□肤水豢

(13) 言十妄□□□溜穿石　　(14) 枕戈汗□□□颓木坏

(15) 心小志□□□□胥野蕨

91 "马"字名胜古迹填成语

请在下面的空格中填入中国含"马"字的名胜古迹名，使每一行前后四个字各为一个成语。

(1) 弊车羸□□胥野蕨　　(2) 风樯阵□□□案盈几

(3) 口讲指□□□赤不夺　　(4) 东躲西□□□颓木坏

(5) 害群之□□□木已拱　　(6) 厉兵秣□□□中宰相

(7) 声色狗□□□石膏肓　　(8) 冯唐头□□□光山色

(9) 浮一大□□□嘴薄舌　　(10) 不共戴□□□川米聚

(11) 香花供□□□瘦郊寒　　(12) 土牛木□□□回路转

(13) 赤壁鏖□□□□灰未冷　　(14) 榷酒征□□□边苦李

(15) 笔墨官□□□□门鱼殃　　(16) 万选青□□□□□父蚕母

92 趣填古代名马

古代名马有紫燕骝、嶙驹、挟翼等。请在下面的空格中填入古代名马，使每一行前后四个字各为一个成语。

(1) 穷寇勿□□言风语　　(2) 一穷二□□丝燕麦
(3) 痛剿穷□□卷星飞　　(4) 鱼跃鸢□□翩起舞
(5) 言语路□□地道道　　(6) 人仰马□□翼未丰
(7) 鼠撺狼□□旰忧勤　　(8) 朱弦疏□□影绰绰
(9) 迂腐腾□□涌云蒸　　(10) 随世沉□□蒸霞蔚
(11) 面红耳□□火行空　　(12) 赞声不□□威群胆
(13) 安安逸□□策群力　　(14) 叶公好□□虚乌有
(15) 与世隔□□头大起　　(16) 车水马□□山会海
(17) 羊续悬□□目相觑　　(18) 黑汁白□□雨腥风
(19) 面红耳□□起乌沉　　(20) 望杏瞻□□胜一筹

93 趣填"马"字词牌名

请在下面的空格中填入"马"字词牌名，使每一行前后四个字各为一个成语。

(1) 欺君罔□□□角乌头　　(2) 旁行斜□□□鸾雏凤
(3) 高节清□□□女成行　　(4) 不期修□□□空冀北
(5) 鲇鱼上□□□马盈门　　(6) 渴者易□□□舞升平
(7) 传龟袭□□□不解鞍　　(8) 厚德载□□□才女姿
(9) 飞黄腾□□□马风樯　　(10) 茂林修□□□女亲家
(11) 伯歌季□□□华典瞻　　(12) 弊车赢□□□□藏海盗
(13) 恫疑虚□□□□香鸟语　　(14) 两头和□□□□尘之变

94 "马"字成语填古诗

下面古诗句中所缺均为含"马"字的成语，你能填出来吗？

（1）□□□□从西来，郭公凛凛英雄才。
（2）九州生气恃风雷，□□□□究可哀。
（3）海客盟鸥终不动，□□□□更何求。
（4）□□□□空有志，寒蝉抱叶欲无声。
（5）兵散弓残挫虎威，□□□□突重围。
（6）见说襄樊投拜了，□□□□过江来。
（7）□□□□尘劳后，半夜鸡声睡熟时。
（8）□□□□拂绿杨，曲江同赏牡丹香。
（9）□□□□遥相顾，一见知君即断肠。
（10）□□□□带倾覆，怅望秋天虚翠屏。
（11）□□□□拨不开，吾宗得隽凯歌回。
（12）折冲师旅文字间，□□□□竟飞渡。
（13）□□□□听不得，更堪长路在云中。
（14）燕山八月秋草黄，□□□□弓力强。

95 填成语，组对联

（1）世本无先觉之验，人贵有（　　　　　）。
（2）忍一言风平浪静，退几步（　　　　　）。
（3）良言入耳三冬暖，（　　　　　）六月寒。
（4）光阴似箭催人老，（　　　　　）趱少年。
（5）（　　　　　）先得月，向阳花木易为春。
（6）（　　　　　），再回首是百年身。
（7）（　　　　　）疑无路，（　　　　　）又一村。

96 成语加法

在括号里填入适当的数字，组成成语加法。

$$
\begin{array}{r}
(\quad)牛(\quad)毛 \\
+\ (\quad)言(\quad)鼎 \\
\hline
(\quad)全(\quad)美
\end{array}
$$

97 成语减法

在括号里填入适当的数字，组成成语减法。

$$
\begin{array}{r}
(\quad)光(\quad)色 \\
-\ (\quad)面(\quad)方 \\
\hline
(\quad)干(\quad)净
\end{array}
$$

98 猜出三个成语

你能根据这幅图猜出三个成语吗？

(1) _____

(2) _____

(3) _____

99 单字构图猜成语

(1) 斌　　(2) 名 　　(3)

(4) 好 　　(5) 　　(6)

(7) 　　(8) 　　(9)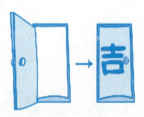

(10) 问　　(11) 弱 　　(12) 坚

第3章　成语大比拼

(13) 　(14) 　(15)

(16) 　(17) 　(18)

(19) 　(20) 　(21)

(22) 　(23) 　(24)

(25)　(26)　(27)

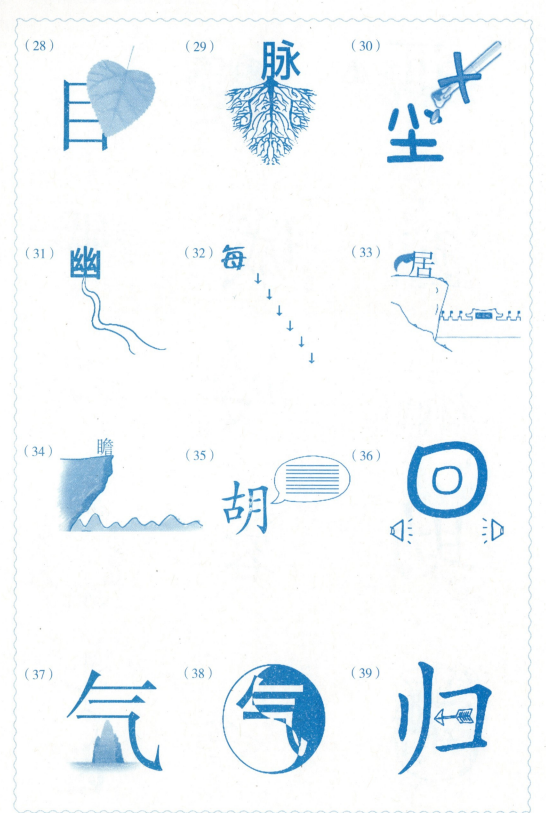

第3章　成语大比拼

(40) 绵

(41)

(42)

(43) 引

(44) ≠可

(45) 束

(46) 骨

(47)

(48) 胸

(49)

(50) 信

(51)

(52)

(53) 天

(54)

100 双字构图猜成语

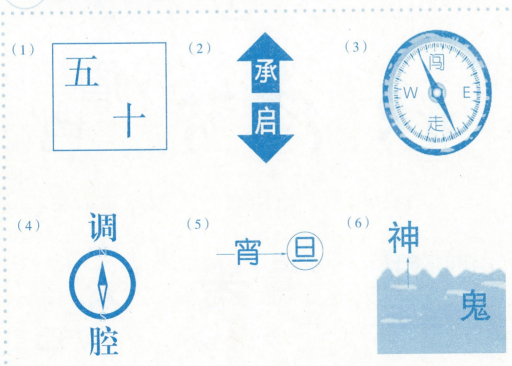

第3章　成语大比拼

（22）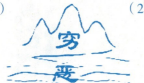　（23）　（24）

（25）　（26）　（27）

（28）　（29）　（30）

（31）　（32）　（33）

（34）　（35）　（36）

(37) 见=故　(38) 　(39) 追眉

(40) 彼　(41) 此级　(42) 正经

(43) 废话　(44) 乘人　(45) 萬念

(46) 人神　(47) 困難　(48) 斗量

第3章 成语大比拼

（49）  （50）  （51）

（52） 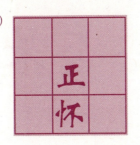 （53）

（54） （55）  （56） （57）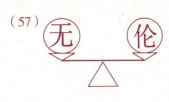

（58） 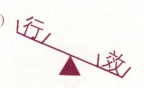 （59） （60）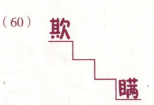

101 叠字构图猜成语

第3章 成语大比拼

(4)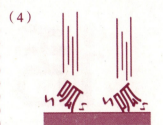
(5)
(6)

(7)
(8)
(9)

(10)
(11)
(12)

(13)
(14)
(15)

(16)
(17)
(18)

(19) 苦(乐)　(20) 合(应)　(21) 话(话❤)

(22) 粗(细)　(23) 無(有)　(24) 龍人

(25) 天　(26) 闰(待)　(27) 慧独(目)

(28) 独(匠❤)　(29) 地(人人)　(30) 雨(风风风)

第3章　成语大比拼

（31）题 做　　（32）怪 惊　　（33）惩 戒

（34）叹 吁　　（35）胆 心　　（36）辈 流

（37）博 精　　（38）是 非　　（39）逆 道

102 三字构图猜成语

（1） 　（2） 秦 璧 赵　（3） 魏 蜀 吴

（4）君子梁

（5）得得举

（6）鸟码鸟

（7）竿竿竿

（8）高高在

（9）恶伤意

（10)

（11）意意意

（12）是:是:是

103 四字构图猜成语

（1）天 / 天 E←W 天 / 天

（2）北 西 东 南

（3）密密密密

（4）啾啾啾啾

（5）泾河 渭河

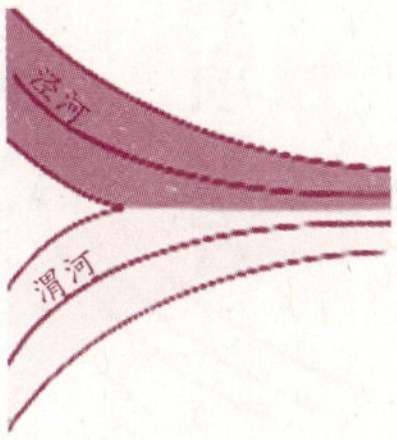

（6）楚 楚 楚 楚

（7）大大大大

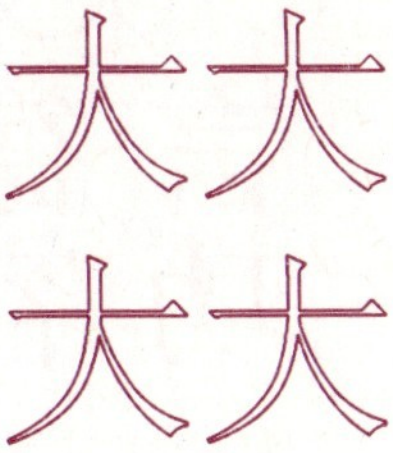

（8）熟 巧 巧 巧

（9）宫商角羽

（10）肩肩足足

104 多字构图猜成语

（1）篆 绑得太紧了

（2）碑 碑 碑 碑 碑

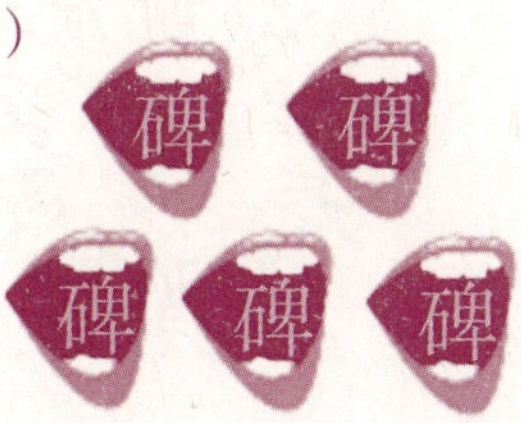

（3）稻黍稷麦菽 丰

(4)

(5)

(6)

(7) 番 番 番
　　次　　次
　　次 次 次

(8) 其 其 其
其 乐 其
其 其 其

(9) 子 夫 父
言　德
功　容

(10) 杨梅　蜂蜜
　黄连　芥末

(11) 黄庐雁荡
泰华衡恒嵩

(12)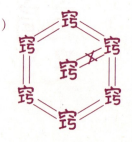

(13) 网网网网网网网
网
网
网
网
网网网网网网网

(14) 说说说说说说说说说说说说（圆形排列）

(15) 此 此 此
此 此 此
此 此 举

第3章 成语大比拼

(16) 僧僧僧僧僧僧
　　僧　　　　僧
　　僧　粥　　僧
　　僧　　　　僧
　　僧僧僧僧僧僧

(17) 城城城城城
　　城　　　城
　　城　💰　城
　　城　　　城
　　城城城城城

(18)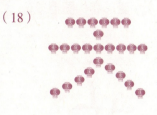

(19) 天天天天
　　天　　天
　　天天天天

(20) 山

(21)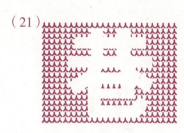

(22) 方方方方方方方
　　方　　　　方
　　方　信　　方
　　方　　　　方
　　方方方方方方方

(23) 变变变变变变
　　变　化化化化化
　　变　化
　　变　化
　　变变变变变变

(24) 默
　　山山山山山山

(25)
走走走走走走

(26)
（心形由"虑"字组成）

(27) 三十六记　第一记　××××

(28) 天
peace

(29) New 愁
　　　恨 Old

(30)
死 IN
　 OUT
　 生

105 变形字构图猜成语

(1) 苗
(2) 草
(3) 节
(4) 雾
(5) 明
(6) 心
(7) 唉
(8) 言
(9) 翅
(10) 迢
(11) 骨
(12) 灾

第3章 成语大比拼

(13) 　(14) 　(15)

(16) 　(17) 　(18)

(19) 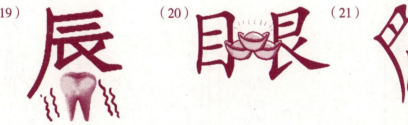　(20) 　(21)

(22) 　(23) 　(24)

(25) 　(26) 　(27)

（28） 　（29） 　（30） 天地

（31） 　（32） 　（33） 亭亭

（34） 年寿　（35） 能能　（36）

（37） 平平　（38） 　（39）

（40） 惊石　（41） 　（42）

第3章 成语大比拼

（43）[倒写的"半"字]

（44）[倒写的"过江"]

（45）[倒写的"岸头"]

（46）[倒写的"难救"]

（47）[倒写的"令斥"]

（48）[倒写的"不期"]

（49）观=胜

（50）语语语

（51）[倒写的"止"]

（52）口[竖立]夬

（53）篱[小人]雏

（54）一 羽 月
　　　土 米 水
　　　日 古 余

（55）艹 夕 二
　　　曰 口 女
　　　大 共 少

106 数字构图猜成语

(1) 1234 567..

(2) 3 → 4

(3) 久等了 3 6

(4) 时钟（12月、9月、3月、6月）

(5) 9 11 17 13 1 15 3 5 7 19

(6) 时钟 / 元宝 1000

(7) 火 100000

(8) 10000斤

(9) +∞ / 3.1415926...

(10) 木（倒3）

(11) 一 ε

(12) 2/4拍

(13) 罪 + 1 = (14) 发 = 50×2　　(15) 依×100
　　　　　　　　50×2 = 中　　　　顺×100

(16) 1000言(1+10吾)　(17) 事×0.5→功×2

107 符号构图猜成语

(1) 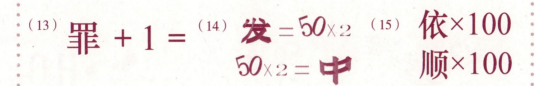　(2) 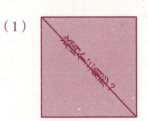　(3)

(4) 　(5) 　(6)

(7) 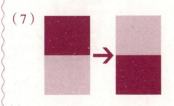　(8) 　(9)

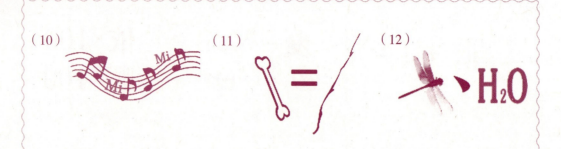
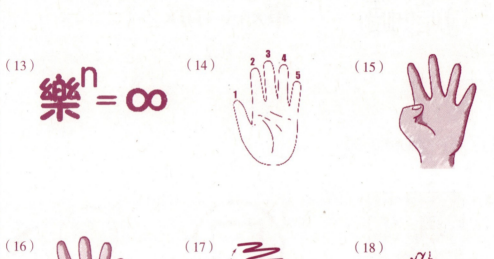

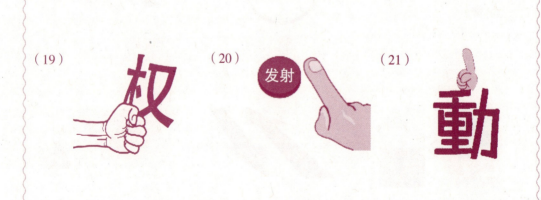

第3章　成语大比拼

（22）　（23）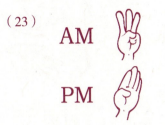　（24）

（25）　（26）　（27）

（28）　（29）　（30）

（31）　（32）　（33）

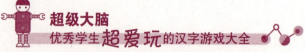

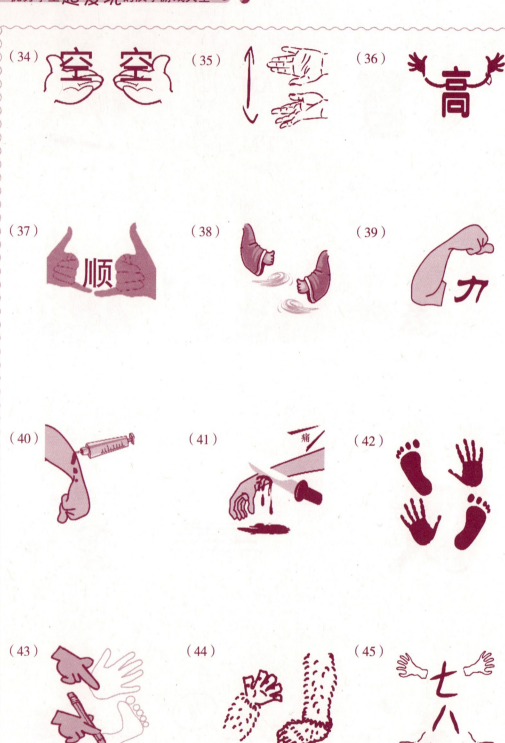

第3章 成语大比拼

（46）　（47）　（48）

（49）　（50）　（51）

（52）　（53）　（54）

（55）　（56）　（57）

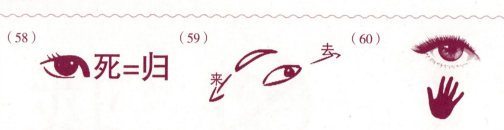

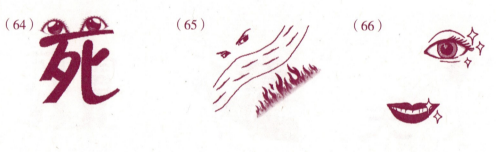
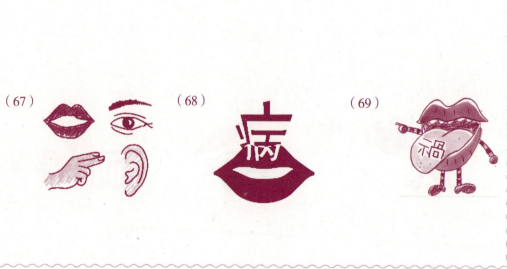

第3章 成语大比拼

（70）  （71）  （72）

（73）  （74）  （75）

（76） （77）  （78）

（79）  （80）  （81）

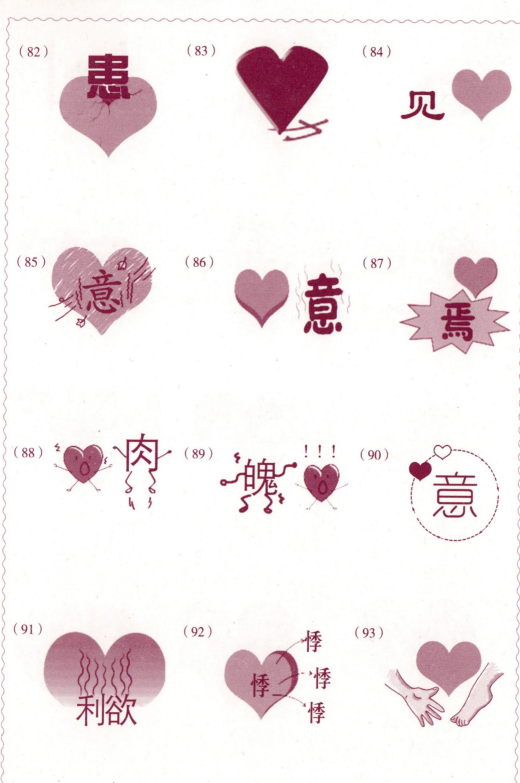

（94） （95） （96）

（97） （98） （99）

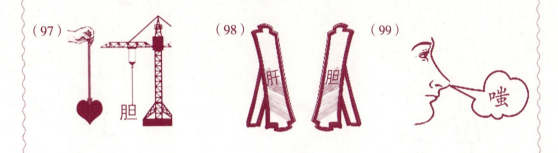

（100） （101） （102）

（103）

108 人物构图猜成语

(1)
(2)
(3)
(4)
(5)
(6)
(7)
(8)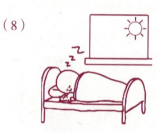
(9)
(10)
(11)
(12)

第3章 成语大比拼

（13）  （14）  （15）

（16）  （17）  （18）

（19）  （20）  （21）

（22） 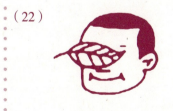 （23）  （24）

（25）

（26）

（27）

（28）

（29）

（30）

（31）

（32）

（33）

（34）

（35）

109 食物构图猜成语

（1）    （2）   （3）

（4）    （5）    （6）

（7）    （8）

110 动物构图猜成语

（1）    （2）    （3）

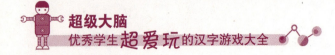

(19) (20)  (21)

(22)  (23)  (24)

(25)  (26)  (27)

(28)  (29)  (30)

(31)  (32) (33)

（46） 　（47）

111 植物构图猜成语

（1） 　（2） 　（3）

（4） 　（5） 　（6）

112 事物构图猜成语

(1)
(2)
(3)
(4)
(5)
(6)
(7)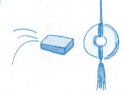
(8)
(9)
(10)
(11)
(12)

第3章　成语大比拼

（25）　（26）　（27）

（28）　（29）　（30）

（31）　（32）　（33）

（34）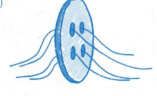　（35）　（36）

超级大脑
优秀学生超爱玩的汉字游戏大全

(37) 　(38) 　(39)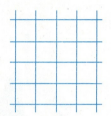

(40) 　(41) 　(42)

(43) 　(44) 　(45)

113　自然天象构图猜成语

(1) 　(2) 　(3)

106

第3章 成语大比拼

(4)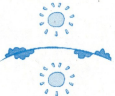

(5)

(6)

(7)

(8)

(9)

(10)

(11)

(12)

(13)

(14)

(15)

第4章

诗词曲精华

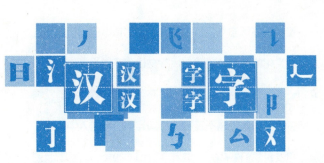

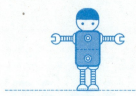

常言道："腹有诗书气自华。"中国是一个"诗歌的国度",古典诗词是中国传统文化的瑰宝,是我们民族文化遗产中极为珍贵的一部分。要想成为一个谈吐不俗、语惊四座、高雅而有修养的人,就需要掌握一些古典诗词。一些传诵不衰的古诗词佳句已经融入中华民族的文化性格里,启发着我们的心智,滋养着我们的心灵,丰富着我们的精神,陶冶着我们的人格,成为我们日常生活的一部分。

1 诗句和成语

下列诗句可以和哪个成语互为诠释?

（1）欲穷千里目，更上一层楼。—— _____

（2）读书破万卷，下笔如有神。—— _____

（3）春蚕到死丝方尽，蜡炬成灰泪始干。—— _____

2 挑字组诗

请从下列成语中各挑出一个字，组成杜甫的一句诗。

谈笑风生　随心所欲　潜滋暗长　夜以继日　不入虎穴

3 读古诗猜早春花卉

下列古诗描写的都是早春花卉，你能猜出来吗?

（1）雪虐风饕愈凛然，花中节气最高坚。过时自合飘零去，耻向东君更乞怜。

（2）翠条多力引风长，点破银花玉雪香。韵友自知人意好，隔帘轻解白霓裳。

（3）覆阑纤弱绿条长，带雪冲寒拆嫩黄。迎得春来非自足，百花千卉共芬芳。

（4）含锋新吐嫩红芽，势欲书空映早霞。应是玉皇曾掷笔，落来地上长成花。

4 读古诗猜春季节气

下列古诗描写的都是春季节气，你能猜出来吗?

（1）仲春初四日，春色正中分。绿野徘徊月，晴天断续云。

（2）三月寒食时，日色浓于酒。落尽墙头花，莺歌隔原柳。

（3）玉律传佳节，青阳应此辰。土牛呈岁稔，彩燕表年春。

（4）促春遘时雨，始雷发东隅。众蛰各潜骇，草木纵横舒。

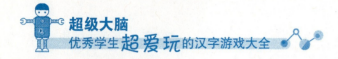

5 古语和诗句

如果有人用"好事不出门，丑事传千里"的古语来教导你，你可以借用南宋诗人叶绍翁的两句很有名的诗句来辩驳他，这两句诗是什么？

6 读古诗，猜春花

下列古诗描写的都是春花，你能猜出来吗？
（1）云满衣裳月满身，轻盈归步过流尘。五更无限留连意，常恐风花又一春。
（2）暖映垂杨曲槛边，一堆红雪罩轻烟。春来自得风流伴，榆荚休抛买笑钱。
（3）满树如娇烂漫红，万枝丹彩灼春融。何当结作千年实，将示人间造化工。
（4）小小琼英舒嫩白，未饶深紫与轻红。无言路侧谁知味，惟有寻芳蝶与蜂。

7 春花烂漫填诗句

请在下列古诗中填入相应的花名。
（1）□□淡白柳深青，柳絮飞时花满城。
（2）□□墙外一枝横，半面宫妆出晓晴。
（3）□□一簇开无主，可爱深红爱浅红。
（4）□□宜远更宜繁，惟远惟繁始足看。
（5）几树半天红似锦，居人云是□□□。
（6）□□□发满晴柯，不赌娇饶只赌多。
（7）只向闽乡说荔枝，□□□发几人知？
（8）□□脉脉要诗催，日暮紫锦无数开。
（9）忽如一夜春风来，千树万树□□开。
（10）竹外□□三两枝，春江水暖鸭先知。
（11）兰陵美酒□□□，玉碗盛来琥珀光。
（12）□□一树花连枝，近以手抓动辄随。
（13）唯有□□真国色，花开时节动京城。
（14）□□千载流芳馨，清风凌厉连红晓。
（15）何处哀筝随急管，□□永巷垂杨岸。
（16）沾衣欲湿□□雨，吹面不寒杨柳风。

8 诗中寻"春"

一年之计在于春。下面让我们一起来填一填这组描写"春景"的美妙诗句吧。

（1）小楼一夜听□□，深巷明朝卖杏花。
（2）竹外桃花三两枝，□□水暖鸭先知。
（3）黄师塔前江水东，□□懒困倚微风。
（4）□□带雨晚来急，野渡无人舟自横。
（5）□□满园关不住，一枝红杏出墙来。
（6）不知细叶谁裁出，二月□□似剪刀。

9 "春"字成语填诗句

下列古诗中所缺的词都是与春有关的成语，你能填出来吗?

（1）今年欢笑复明年，□□□□等闲度。
（2）□□□□马蹄疾，一日看尽长安花。
（3）□□□□不知主，谁言炉冶此中开。
（4）桃花烂漫杏花稀，□□□□不忍为。
（5）□□□□关不住，一枝红杏出墙来。
（6）谢家生日如风烟，□□□□二月天。
（7）纷纷世议何足道，尽付□□□□前。

10 "春"字组诗句

请在空格中填入适当的字，使每一横行都成为一句诗。

（1）七言诗句

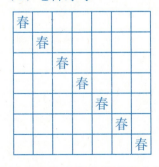

（2）五言诗句

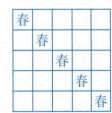

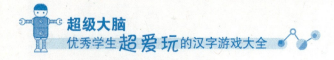

11 春天雅称填诗句

下列古诗空格部分都是春天的雅称，你能填出来吗？

(1)□□畅和气，谷风穆以温。

(2)黄鸟鸣园柳，□□改旧阴。

(3)烈心厉劲秋，丽服鲜□□。

(4)谁言寸草心，报得□□晖。

(5)竟将明媚色，偷眼□□天。

(6)悦怿若□□，磬折似秋霜。

(7)白日放歌须纵酒，□□作伴好还乡。

(8)虽四时之平分，何□□之清淑。

(9)兼万情之悲欢，兹一感于□□。

12 诗中寻夏

下列古诗的空格中所缺的词都是与夏有关的词语，你能填出来吗？

(1)春尽杂英歇，□□芳草深。

(2)□□云物变，雨余草木繁。

(3)□□百果繁，兔葵亦成实。

(4)□□多暖暖，树木有繁阴。

(5)□□茅斋里，无风坐亦凉。

(6)□□多烦蒸，山水暂追凉。

(7)野水湾环□□森，青蝉晚噪碧云深。

(8)别院深深□□清，石榴开遍透帘明。

(9)晓入清和尚夹衣，□□初合掩双扉。

(10)绿阴如水□□凉，翠簟含风午梦长。

13 读古诗猜初夏花名

下列古诗描写的都是初夏时节开的花，你能猜出来吗？

（1）浩态狂香昔未逢，红灯烁烁绿盘龙。觉来独对情惊恐，身在仙宫第几重？

（2）大笑何如小笑香，紫花不似白花妆。不知自笑还相笑，笑杀人来断杀肠。

（3）如折芙蓉载旱地，似抛芍药挂高枝。云埋水隔无人识，唯有南宾太守知。

（4）一堆绛雪压春丛，袅袅长条弄晓风。借问开时何所似？似将绣被覆熏笼。

14 "绿色"诗句

下列古诗的空格中所缺的都是与"绿"字有关的词，你能填出来吗？

（1）□□草深虫入遍，青丛花尽蝶来稀。

（2）□□松萝暑气凉，清泉泻入小池塘。

（3）高挂虚窗对□□，鸟啼声歇柳阴移。

（4）百道飞泉喷雨珠，春风窈窕□□芜。

（5）□□东西南北水，红栏三百九十桥。

（6）楼边□□飞红尽，春色墙阴老荠花。

（7）一林绿□□可数，五月白莲犹未开。

（8）五月江南樱笋残，疏花散尽□□□。

15 填颜色，组诗句

请将表颜色的字填入下列诗句的空格中。

（1）□云万里动风色

（2）□云压城城欲摧

（3）□柳才黄半为匀

（4）□溪水气无清白

（5）□枫江上秋帆远

（6）□树花迎晓露开

（7）□泉宫殿锁烟霞

（8）□日依山尽，□河入海流。

（9）月□雁飞高，单于夜遁逃。

（10）炉火照天地，□星乱紫烟。

（11）绿树村边合，□山郭外斜。

（12）日照香炉生□烟，遥看瀑布挂前川。

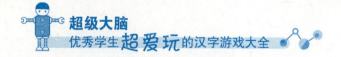

16 填鸟名，组诗句

黄鹤、白鹭、鹦鹉、燕、黄鹂、归雁、莺、鸳鸯、鸥鹭、燕子、鹤

（1）泥融飞燕子，沙暖睡□□。

（2）落花人独立，微雨□双飞。

（3）征蓬出汉塞，□□入胡天。

（4）争渡，争渡，惊起一滩□□。

（5）两个□□鸣翠柳，一行□□上青天。

（6）细雨鱼儿出，微风□□斜。

（7）千里□啼绿映红，水村山郭酒旗风。

（8）□□一去不复返，白云千载空悠悠。

（9）晴空一□排云上，便引诗情到碧霄。

（10）故人西辞□□楼，烟花三月下扬州。

（11）旧时王谢堂前□，飞入寻常百姓家。

（12）晴川历历汉阳树，芳草萋萋□□洲。

17 填数字，组诗句

一、四、九、千、万

（1）□海无闲田，农夫犹饿死。

（2）但愿人长久，□里共婵娟。

（3）两岸猿声啼不住，轻舟已过□重山。

（4）飞流直下三□尺，疑是银河落九天。

（5）我劝天公重抖擞，不拘□格降人材。

18 填花名，组诗句

菊花、梅花、梨花、杏花、芙蓉

（1）借问酒家何处有，牧童遥指□□村。

（2）忽如一夜春风来，千树万树□□开。

（3）黄鹤楼中吹玉笛，江城五月落□□。

（4）□□如面柳如眉，对此如何不泪垂。

（5）待到重阳日，还来就□□。

19 填地名，组诗句

洛阳、长安、玉关、锦城

（1）□□一片月，万户捣衣声。

（2）秋风吹不尽，总是□□情。

（3）□□城里见秋风，欲作家书意万重。

（4）□□丝管日纷纷，半入江风半入云。

20 填山名，组诗句

庐山、钟山、阴山、巴山

（1）不识□□真面目，只缘身在此山中。

（2）但使龙城飞将在，不教胡马度□□。

（3）君问归期未有期，□□夜雨涨秋池。

（4）京口瓜洲一水间，□□只隔数重山。

21 填充诗句"游"名胜

下列诗句写的是哪处名胜？它属于哪个省区？请分别填在横线上和括号内。

（1）□□□水深千尺，不及汪伦送我情。（　　）

（2）不识□□真面目，只缘身在此山中。（　　）

（3）京口瓜洲一水间，□□只隔数重山。（　　）

（4）劝君更尽一杯酒，西出□□无故人。（　　）

（5）朝辞□□彩云间，千里江陵一日还。（　　）

（6）姑苏城外□□□，夜半钟声到客船。（　　）

（7）即从□□穿巫峡，便下襄阳向洛阳。（　　）

（8）羌笛何须怨杨柳，春风不度□□□。（　　）

（9）故人西辞□□□，烟花三月下扬州。（　　）

（10）欲把□□比西子，淡妆浓抹总相宜。（　　）

22 古诗填福

下列古诗句中所缺的都是与"福"字有关的词语，你能填出来吗？

（1）神鱼人不见，□□语真传。

（2）谢族风流盛，于门□□多。

（3）笔砚生涯旧，诗书□□长。

（4）殃庆有所积，□□皆自求。

（5）赫赫勋名俱向上，绵绵□□宜无极。

（6）生丁盛世□□昌，四时为乐允无疆。

（7）烦闹荣华犹易过，优闲□□更难销。

（8）□□一点夜堂深，藻泮花泉共照临。

（9）阎浮提中大□□，莲花会上菩提记。

（10）道人已办游山屐，□□谁胜上马杯。

（11）做了三公更引年，人间□□合居先。

（12）此景得游无事日，也宜知□□无涯。

23 古诗填香

下列古诗中所缺的都是与"香"字有关的词语，你能填出来吗？

（1）□□入书屋，不是杏花风。
（2）柳软腰支嫩，□□密气融。
（3）古树龙其似，□□蝶不知。
（4）敛翠凝歌黛，□□动舞巾。
（5）兰蕙虽可怀，□□与时息。
（6）□□熏小像，杨柳伴啼鸦。
（7）翠帘绣暖燕归来，宝鸭□□蜂上下。
（8）恋月每忘寒夜永，寄梅浑讶驿□□。
（9）寒依疏影萧萧竹，春掩□□漠漠苔。
（10）一夜□□清入梦，野梅千树月明村。
（11）疏影横斜水清浅，□□浮动月黄昏。
（12）主人岁岁常为客，莫怪□□怨不知。

24 古诗填雪

下列古诗中所缺的都是与"雪"字有关的词语，你能填出来吗？

（1）□□还因地，墙阴久尚残。
（2）□□落纷华，随地一向斜。
（3）□□送余运，无妨时已和。
（4）□□落残腊，轮蹄在远涂。
（5）□□半成水，微风应欲春。
（6）孤舟蓑笠翁，独钓寒□□。
（7）风卷寒云□□晴，江烟洗尽柳条轻。
（8）风飘□□落如米，索索萧萧芦苇间。
（9）甲子徒推□□天，刺桐犹绿槿花然。
（10）□□随风不厌看，更多还肯失林峦。

25 古诗填鸟

下列古诗中所缺的都是与鸟名有关的词语，你能填出来吗？

（1）春阳如昨日，碧树鸣□□。

（2）泥融飞□□，沙暖睡□□。

（3）打起□□儿，莫教枝上啼。

（4）见果多卢橘，闻禽悉□□。

（5）□□眠高阁，樱桃拂短檐。

（6）自怜□□□，去蠹终不错。

（7）溪女不画眉，爱听□□□。

（8）养成□□□，瘦尽雪花骢。

（9）华表千年□一归，凝丹为顶雪为衣。

（10）弄风骄马跑空立，趁兔□□掠地飞。

（11）吴中贵游重□□，千金远致能言语。

（12）天寒□度堪垂泪，日落猿啼欲断肠。

（13）人于红药偏怜色，□到垂杨不惜声。

（14）□□归来寒食雨，春风开遍野棠花。

（15）□噪暮云归古堞，雁迷寒雨下空壕。

（16）家在千山古溪上，先应□□噪门扉。

（17）剩水残山惨淡间，□□无事小舟闲。

（18）正疑□□归何晚，一片雪从天际来。

26 古诗填石

下列古诗中所缺的都是与"石"字有关的词语,你能填出来吗?

(1)百顷青云杪,层波□□中。

(2)声喧□□中,色静深松里。

(3)那知□□下,不与武陵通。

(4)□□疑藏虎,盘根似卧龙。

(5)□□张厥角,直欲砺我舟。

(6)垂钓坐□□,水清心亦闲。

(7)洞府深深映水开,幽花□□白云堆。

(8)□□床平可坐卧,水作珠帘月作钩。

27 古诗填"腊"

下列古诗句中所缺的都是与"腊"字有关的词语,你能填出来吗?

(1)□□草根甜,天街雪似盐。

(2)□□一尺厚,云冻寒顽痴。

(3)岂应今□□,恰似旧春三。

(4)湻糜分□□,圆炭度朝寒。

(5)□□刀刻肌,遂向东南走。

(6)□□犹半月,花已满头开。

(7)官期应□□,客路尚秋风。

(8)□□早还家,浊同浅酌兕。

(9)火是□□春,雪为阴夜月。

(10)□□天垂老,新春日始孩。

(11)□□开尽欲凋年,痛饮千江壁底眠。

(12)逢盐久已成□□,得蜜犹疑是薄刑。

(13)北风有意待□□,只放飞花一半开。

(14)祖意岂从□□得,松枝肯为雪霜低。

28 古诗填竹

下列古诗句中所缺的都是与"竹"字有关的词语，你能填出来吗？

（1）桃枝堪辟恶，□□好惊眠。
（2）微风淡□□，净日暖烟萝。
（3）初日破苍烟，零乱□□影。
（4）无营傲□□，琴帙静为友。
（5）□□闲开碧，蔷薇暗吐黄。
（6）鞦垂妆钿粟，箭箙钉□□。
（7）□□静逾媚，溪梅初有香。
（8）白沙□□江村暮，相对柴门月色新。
（9）武夷洞里生□□，老尽曾孙更不来。
（10）缓歌慢舞凝□□，尽日君王看不足。
（11）□□方生秋涧上，紫兰已到鲁斋中。
（12）门掩虚堂阴窈窈，风摇□□冷萧萧。

29 梅花词曲牌名填诗句

下列古诗句中所缺的都是含"梅"字的词曲牌名，你能填出来吗？

（1）各泪试严妆，□□飞晓霜。
（2）笛奏□□□，刀开明月环。
（3）欲□□朵，看来不忍攀。
（4）带冰新溜涩，间雪□□□。
（5）声分折杨吹，娇韵□□□。
（6）我□□□梦南国，君怀明主去东周。
（7）灯前欲和□□□，病发飘飘满面尘。
（8）杖锡飘然别故人，笑□□□理征路。
（9）日斜半窗□□□，客程犹有未归人。
（10）凌寒不独□□□，玉艳更为一样妆。
（11）寒柳翠添微雨重，□□□绽细枝多。

30 古诗填梅

下列古诗中所缺的都是含"梅"字的植物名,你能填出来吗?

（1）笑似□□裂,啼如豉汗流。

（2）一枝春雪冻□□,满身香雾簇朝霞。

（3）燕雏学母飞初熟,□□团枝亦半黄。

（4）落落出群非榉柳,青青不朽岂□□。

（5）越嶂远分丁字水,□□迟见二年花。

（6）我亦买□□□里,诛茅卜邻期子同。

（7）□□成实夏阴浓,波面繁花刺眼红。

（8）妾弄□□凭短墙,君骑白马傍垂杨。

（9）主人修废坠,□□仍春辉。

（10）潺湲泻寒月,晃漾照□□。

（11）俱含万里情,□□开岭徼。

（12）□□玉立故清妍,心友猗兰弟水仙。

（13）玄冥行令肃冰霜,墙角□□特地芳。

（14）一树□□白玉条,迥临林村傍溪桥。

（15）狭斜只解赏春红,秋菊□□不负公。

（16）忽觉东风景渐迟,□□山杏暗芳菲。

（17）番番翠蔓缠松上,粲粲□□入竹花。

（18）□□阁老无妨渴,画饼尚书不救饥。

（19）□□又复负前盟,曾念霜风病不禁。

（20）试问清芳谁第一,□□花冠百花香。

（21）折得岭头如□□,对花那得欠清杯。

（22）羡君东去见□□,惟有王孙独未回。

（23）御柳□□动春意,朝来黄鸟亦喈喈。

31 雪的别称填诗句

雪有许多雅致的别称,这些别称通常都出自古代诗人的名句。下面就让我们一起来填一填吧。

（1）□□飞花入户时,坐看青竹变琼枝。
（2）岘山一夜□□寒,凤林千树梨花老。
（3）宫城团回凛严光,白天碎碎堕□□。
（4）两岸严风吹玉树,一滩明月晒□□。
（5）□□飞来麦已青,更烦膏雨发欣荣。
（6）独往独来□□地,一行一步玉沙声。
（7）寒雀喧喧满竹枝,惊风淅沥□□飞。

32 中国名楼填唐诗

请将中国名楼填入下面的空格中。

（1）自从江树秋,日日□□□。
（2）影落三湘水,诗传□□□。
（3）昔登江上□□□,遥爱江中鹦鹉洲。
（4）欲为平生一散愁,洞庭湖上□□□。
（5）□□□西百尺樯,汀洲云树共茫茫。

33 中国名楼填诗句

请将中国名楼填入下面的空格中。

（1）□□□西百尺樯,汀洲云树共茫茫。
（2）昔人已乘白云去,此地空余□□□。
（3）丝纶阁下文章静,□□□中刻漏长。
（4）寻花洞里连春醉,□□□中彻晓吟。
（5）晚木声酣洞庭野,晴天影抱□□□。
（6）重阳共醉□□□,此观人间亦伟哉。
（7）□□□上牡丹开,尽日凭栏望外台。
（8）供奉暂辞分禁路,登临先上□□□。

34 "亭台楼阁"填诗句

下列古诗的空格中所缺的都是"亭台楼阁"名,你能填出来吗?
(1)抱关老卒饥不眠,□□□前草满川。
(2)未到江南先一笑,□□□上对君山。
(3)自汲松江桥下水,□□□上试新茶。
(4)戍兵昼守□□□,驿马秋嘶孺子亭。
(5)□□□上草漫漫,谁倚东风十二栏。
(6)日暮东风春草绿,鹧鸪飞上□□□。
(7)日光斜照□□□,红树花迎晓露开。
(8)□□□空春草长,忠臣祠老燕繁梁。

35 唐诗填马

下列唐诗句空格中所缺的都是我国古代的名马,你能填出来吗?
(1)□□无人用,当须吕布骑。
(2)剑锋生□□,马足起红尘。
(3)劳劳一寸心,灯花照□□。
(4)况子□□士,栖息蓬蒿间。
(5)风旗翻翼影,霜剑转□□。
(6)桃竹书筒绮绣文,良工巧妙成□□。
(7)渺渺天涯君去时,□□流水自相随。
(8)□□有心犹款段,逢人相骨强嘶号。
(9)阴山骄子□□马,长驱东胡胡走藏。
(10)犬解人歌曾入唱,马称□□几来嘶。
(11)交朋接武居仙院,幕客□□入凤池。
(12)天地迢遥自长久,□□赤鸟相趁走。
(13)铁马云雕久□□,柳阴高压汉营春。
(14)魂应□□为才鬼,名与遗编在史臣。

36 马的别称填古诗

下列古诗句中所缺均为马的别称,你能填出来吗?

(1)空谷无□□,贤人岂悲吟。

(2)乌帽背斜晖,□□踏春草。

(3)□□入穷巷,必脱黄金辔。

(4)艇子愁冲夜,□□怕拂晨。

(5)金甲耀兜鍪,黄云拂□□。

(6)□□志千里,鹧鸪巢一枝。

(7)烈士叹暮年,□□悲伏枥。

(8)羞渡乌江依故老,竟乘□□泣娇娥。

(9)良人玉勒乘□□,侍女金盘脍鲤鱼。

(10)柳边犹忆□□影,坟上俄生碧草烟。

(11)□□跨去没四蹄,飘花凌乱沾人衣。

37 谜语一样的古诗句

有的诗就像一个谜语,你能猜出下面诗句写的是什么吗?

(1)我家洗砚池头树,个个花开淡墨痕。(   )

(2)千锤万凿出深山,烈火焚烧若等闲。(   )

(3)咬定青山不放松,立根原在破岩中。(   )

(4)采得百花成蜜后,为谁辛苦为谁甜。(   )

38 诗中节日

写出古诗中所描写的节日名称，然后把这些节日按时间顺序排列。

（1）清明时节雨纷纷，路上行人欲断魂，借问酒家何处有？牧童遥指杏花村。
（　　）

（2）独在异乡为异客，每逢佳节倍思亲，遥知兄弟登高处，遍插茱萸少一人。
（　　）

（3）爆竹声中一岁除，春风送暖入屠苏。千门万户曈曈日，总把新桃换旧符。
（　　）

（4）中庭地白树栖鸦，冷露无声湿桂花。今夜月明人尽望，不知秋思落谁家。
（　　）

（5）未会牵牛意若何？须邀织女弄金梭。年年乞与人间巧，不道人间巧已多？
（　　）

排列：_____

39 诗中节气

节气指二十四时节和气候，是中国古代订立的一种用来指导农事的补充历法。下面，就让我们一起来填一填这些带"节气"的诗句吧。

（1）天时人事日相催，□□阳生春又来。
（2）□□阴生景渐催，百年已半亦堪哀。
（3）去年□□斫秋获，今年箔积如连山。
（4）秧风初凉近□□，戴胜晓鸣桑头颠。
（5）□□□□昼夜中，天上地下度数同。
（6）□□浆美村村卖，□□茶香院院夸。

40 "2月"别称填唐诗

农历2月有很多别称,下面唐诗中所缺即为其中的一部分,你能填出来吗?

(1)江皋已□□,花下复清晨。

(2)镜湖水□□,耶溪女似雪。

(3)更怜□□夜,宫女笑藏钩。

(4)老枝病叶愁杀人,曾经大业年□□。

(5)忍□□被恶物食,枉于汝口插齿牙。

(6)劳劳胡燕怨□□,薇帐逗烟生绿尘。

(7)□□送君从此去,瓜时须及邵平田。

41 "12月"别称填唐诗

农历12月为农历一年中最后一个月。它有很多别称,下面唐诗中所缺即为其中的一部分,你能填出来吗?

(1)曾城填华屋,□□树木苍。

(2)□□与鬼神,别未有人知。

(3)留我遇□□,身心苦恬寂。

(4)拂拭交□□,光辉何清圆。

(5)忽见□□尽,方知列宿春。

(6)高唐□□雪壮哉,旧瘴无复似尘埃。

(7)肠断关山不解说,依依□□下帘钩。

(8)霜□□苦欲明天,忽忆闲居思浩然。

(9)今朝□□春意动,云安县前江可怜。

42 "正月初一"别称填诗句

正月初一,是农历新年的第一天,这一天有很多雅致的别称。下面,请你读一读诗句,试着填一填其中所缺少的部分别称。

(1)□□未入春,风气已稍和。
(2)□□已强半,连阴凝不开。
(3)献岁视□□,万方咸在庭。
(4)惟新兹□□,倾祝乃祈年。
(5)蚕缕茜香浓,□□缠左臂。
(6)太极生天地,□□更废兴。
(7)□□元朝使,龙荒万里来。
(8)田家重□□,置酒会邻里。

43 "野菜飘香"填诗句

请在下列诗句的空格中填入相应的野菜名。

(1)卖茶犹说有征讥,□□何为入市稀。
(2)旋遣厨人挑□□,虚劳座客颂椒花。
(3)采茗归来日未斜,更携□□入仙家。
(4)夹岸□□障日微,拍堤波浪溅人衣。
(5)肺病恶寒望劝酬,□□作汤良可沃。
(6)风暖池塘得意春,□□烟草一回新。

44 读古诗,猜树木

下列古诗描写的都是树木,你能猜出来吗?

(1)根为石所蟠,枝为风所碎。赖我有贞心,终凌细草辈。
(2)凌霄不屈己,得地本虚心。岁老根弥壮,阳骄叶更阴。
(3)镂雪裁绡个个圆,日斜风定稳如穿。凭谁细与东君说,买住青春费几钱。
(4)迎得春光先到来,轻黄浅绿映楼台。只缘袅娜多情思,更被春风长挫摧。

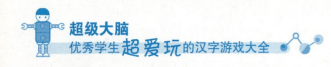

45 树木名称组诗句

请在下列诗句的空格处填入相应的树木名称。

(1) 玉露凋伤□□林，巫山巫峡气萧森。
(2) 塞北梅花羌笛吹，淮南□□小山词。
(3) 金井□□秋叶黄，珠帘不卷夜来霜。
(4) 白金换得□□树，君既先栽我不栽。
(5) □□千条花欲绽，葡萄百丈蔓初紫。
(6) 桃花仙人种□□，又摘桃花换酒钱。
(7) 塞北梅花羌笛吹，淮南□□小山词。
(8) 天上□□和露种，日边红杏倚云栽。
(9) 羌笛何须怨□□，春风不度玉门关。
(10) □□真不甘衰谢，数叶迎风尚有声。
(11) 破额山前碧玉流，骚人遥驻□□舟。
(12) 玉露凋伤□□林，巫山巫峡气萧森。
(13) □□阅世风霜古，翠竹题诗岁月赊。
(14) 峥嵘□□寒犹健，窈窕幽窗雪更明。

46 读古诗，填童趣

古诗中有许多描写儿童的作品，读来妙趣横生。下面就让我们填一填这些童趣吧。

(1) 儿童散学归来早，忙趁东风□□□。
(2) 牧童归去□□□，短笛无腔信口吹。
(3) 笑看儿童□□□，醉携宾客上仙舟。
(4) 儿童急走□□□，飞入菜花无处寻。
(5) 蓬头稚子□□□，侧坐莓苔草映身。
(6) 童孙不解供耕织，也傍桑阴□□□。
(7) 日长睡起无情思，闲看儿童□□□。
(8) 绕池闲步看鱼游，正值儿童□□□。

47 读古诗，填农具

一年之计在于春，春天是播种的季节。春种秋收离不开农具，请在下面诗句的空格中填入相关的农具吧。

（1）纵有健妇把□□，禾生陇亩无东西。
（2）不踏□□朝复暮，但愿皇天雨即休。
（3）出从父子观□□，归伴儿童放纸鸢。
（4）□□轻敲似远砧，小舂三五夜深深。
（5）□□利刃似风斤，裁割畦田尔策勋。
（6）笑歌声里轻雷动，一夜□□响到明。
（7）磨□霍霍割上场，妇子打晒田家忙。

48 读古诗猜"花中四友"

下列古诗描写的是"花中四友"，你能猜出来吗？
（1）金英翠萼带春寒，黄色花中有几般？凭君与向游人道，莫作蔓菁花眼看。
（2）胭脂染就绛裙襕，琥珀装成赤玉盘。似共东风解相识，一枝先已破春寒。
（3）好借月魂来映烛，恐随春梦去飞扬。风亭把盏酬孤艳，雪径回舆认暗香。
（4）污泥解作白莲藕，粪壤能开黄玉花。可惜国香天不管，随缘流落小民家。

49 读古诗猜"玉堂富贵"

下列古诗描写的是"玉堂富贵"所指的四种花，你能猜出来吗？
（1）翠条多力引风长，点破银花玉雪香。韵友自知人意好，隔帘轻解白霓裳。
（2）雪绽霞铺锦水头，占春颜色最风流。若教更近天街种，马上多逢醉五侯。
（3）落尽残红始吐芳，佳名唤作百花王。竞夸天下无双艳，独立人间第一香。
（4）轻薄西风未办霜，夜揉黄雪作秋光。摧残六出犹余四，正是天花更着香。

50 制鼓歌

把《制鼓歌》"紧紧蒙上一张皮，密密钉上一层钉。无论晴天和雨天，敲打起来一样音"由七言诗缩成三言诗，每句的意思不能变。

51 长江支流填唐诗

长江有很多支流，下列唐诗中所缺即为其中的一部分，你能填出来吗？

（1）岘山临□□，水渌沙如雪。
（2）唯有□□水，悠悠带月寒。
（3）催榜渡□□，神骓泣向风。
（4）绵谷元通汉，□□不向秦。
（5）到乡同学辈，应到□□迎。
（6）婵娟□□月，千载空蛾眉。
（7）□□□色何所似，石黛碧玉相因依。
（8）□□流水到辰阳，溪口逢君驿路长。

52 "春回大地"填词牌

请在空格中填入词牌名，使每一行前后四个字各为一个成语。

（1）阿谀逢□□□回来去　　（2）日进斗□□□暖花开
（3）朝云暮□□□空如也　　（4）妙手回□□□瓦朱檐
（5）有脚阳□□□瞬之间　　（6）以直报□□□和日丽
（7）指槐骂□□□满人间　　（8）寸阴可□□□出如山
（9）弃之可□□□兰秋菊　　（10）鳌头独□□□草鲜美
（11）说东道□□□寒料峭　　（12）充闾之□□□隐时现
（13）螽斯衍□□□月不居　　（14）先号后□□□披后世
（15）一人有□□□文大义　　（16）羊肠九□□□秋笔法
（17）纸贵洛□□□径通幽　　（18）引首以□□□天转日
（19）欢欢喜□□□来去去　　（20）杯水之□□□风沂水

第5章

古今对联展
gǔ jīn duì lián zhǎn

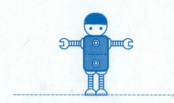

对联又称楹联或对子,是写在纸、布上或刻在竹子、木头、柱子上的对偶语句,对仗工整,平仄协调,是一字一音的汉语中独特的艺术形式。对联是汉语特有的文字游戏,是中华民族的文化瑰宝,是一种短小精悍的文学样式。它自问世之日起,就以其尺幅千里的特色赢得了最广大的创作者和欣赏者,从而呈现出勃勃生机。对联可以寄情,可以寓志;可赞造化伟大,可叹人物是非。本书中的对联游戏,足可以让你领略到汉语的独特魅力。

1 这是什么地方

请你根据对联的意思猜一猜，这副对联是写在什么地方的。

入时慌慌张张

出时从从容容

横批：一身轻松

2 中药趣联

从前，张某父子在外地行医，由于医术高明，遭到当地医霸的刁难，无法谋生，决定回乡。为了把去向告诉病人，临别的前夜，他们在客栈里题写了一副对联：

生地人参

附子当归

之后又写了横批。

第二天，求医的病人见到客栈门口的对联，看了横批之后，得知医生父子回乡了，都为张某父子的遭遇深感不平。

对联用了五种中药药名谐音表意。根据文中提示，你能对出横批吗？

3 劝秀才

有个秀才，家境虽说不上贫寒，却也不富裕，按说日子应该过得还可以，但他花钱没有计划，导致总是饱一顿饥一顿。春节到了，秀才手中又分文不剩。为了装点门面，总要贴副对联吧！找来找去，秀才翻出一张红纸，索性一裁为二，写了副短对子：

行节俭事

过淡泊年

邻居们知道他肯定又没钱花了，大家帮衬着给他送去些年货，有人在对联前边各加了一个字，劝他以后过日子要有计划，明年千万不要再像今年这样"淡泊"了。

你知道加字后的对联是什么内容吗？

4 贴反了

从前，为了防盗，在街头巷口设立闸门，由更夫负责开关。可闸门的春联却要由各家轮流贴。这年轮到贴春联的这家，没人识字，主人便去春联摊上买了一副现成的，贴到闸门上。没想到把对联贴反了，变成：

盛世无须掩闸门

太平不用敲更鼓

按民俗，贴反春联是不吉利的，等发现时天色已晚，揭也揭不下，买又买不到。恰巧一位教书先生经过，大家求他代写一副。这位先生思忖一番，想出一个办法，解决了问题。

这事传扬开去，传到一个财主家，财主也为春联的事犯愁呢！他目不识丁，也把对联贴反了：

积善家福寿无穷

发财户金银尽是

他也用了这个先生的做法，结果闹出了大笑话。

你知道先生的做法是什么吗？为什么财主用这种方法就不行呢？

5 借东西

从前，有个读书人，能诗能文，尤其爱好对联。一天晚上，满天乌云，一片漆黑，他独自一人坐在家里，觉得寂寞，便想作副对联。他忽然触景生情，得了句上联，满心欢喜，便自言自语地念道：

黑白难分，教我怎知南北

他刚念完上联，只听得一声门响，隔壁一个穷秀才应声走进屋里，对他说了一句话，表达了要借东西之意。读书人说："你是我的好邻居，借点东西有何难！不过，你须先对个对子。"于是，便把他的上联念给秀才，要求立即对句。秀才回答说："我不是已经对过了吗"？读书人莫名其妙。秀才又说："我刚进门时说的那句话，不正好是下联吗？"读书人听了，连忙让座献茶。

根据文中提示，你能对出下联吗？

6 半截春联

有一位大书法家，过年时，自己写副春联贴在门口。不料，还没等浆糊干透，就被人悄悄揭走，当作墨宝收藏起来。无奈，只得再写一副，谁知又被人揭走了。

从腊月二十四开始写春联，直到腊月三十，大书法家写了几副，却在自家门口一个字也没留下。他一赌气，不写了，没春联也照样过年。可夫人不答应，说贴桃符是自古传下的规矩，能驱除秽气，带来好运，催他再写一副。书法家思考一会儿，润笔走腕，又写副七言对联，让儿子拦腰剪断，先把上半截贴出去。那些"书法真迹收藏者"早盯着这家的动静，等家人进屋，到门口一看，两旁贴着：

福无双至

祸不单行

不但不吉利，还满纸晦气，谁也不揭了。

初一早晨，书法家才把后半截贴出去。人们一看，成了一副大吉大利的对联。这样一来，谁也不好意思再揭了。

你知道贴上了后半截的对联是什么吗？

7 童生考到老

从前有个秀才，从青年起就上京赴考。他非常正直，不肯行贿，更不舞弊，每一次都是名落孙山。看到那些善于钻营的人金榜题名，他气愤极了。转眼间，他已经70岁了，想最后"拼搏"一番。两场笔试下来，自己感觉还不错。接下来是面试。主考官看见老秀才白发苍苍，比自己年龄都大出许多，便出了上联让老秀才来对：

上勾是老，下勾是考，老考童生，童生考到老

提到"童生"二字，老秀才感触颇多，几十年官场、考场的黑暗腐败一齐出现在眼前，以"天"和"大"做了一句合字联，对了下联。主考官感叹一番，把年过古稀的老秀才取作"童生"。

根据文中提示，你能对出下联吗？

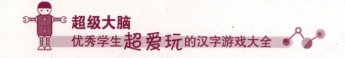

8 联边对

"联边"即联结同字边的字,使字形富有象征意义。联边格多用于诗词中。先联结同字边的字而组成诗句,再以之组成整首诗词,这样的作品称之为联边诗。古人所说的字边,今人谓之偏旁。联边诗通过字边的同形,可以唤起读者的联想,例如北宋黄庭坚的作品:

戏题

逍遥近道边,憩息慰惫懑。
晴晖时晦明,谑语谐说论。
草莱荒蒙茏,室屋壅尘垒。
仆僮侍逼侧,泾渭清浊混。

联边格还常用于对联。明朝宰相叶向高,福建福清人。天启元年一天,路过福州,留宿在新科状元翁正春家中。翁正春为了表示自谦,即兴出了个上联:"宠宰宿寒家,穷窗寂寞。"叶向高一看,九个字都是宝盖头,颇觉有趣,当即对了下联:"客官寓宦宫,富室宽容。"

下面这副《海神庙联》,上联满是水,下联全是雨:

浩海汪洋波涛涌溪流注满
雷霆霹雳霭云雾霖雨雰霏

下面两副对联也是古代著名的联边对:

送迎远近通达道,进退迟速遊逍遥
湛江港清波滚滚,渤海湾浊浪滔滔

古代有两个同窗好友,一个看透世态炎凉,出家当了和尚;一个一味迷恋仕途,但科场黑暗,屡试不第。一日,穷书生枯坐窗前,百无聊赖,吟了上联:

寄宿客家,牢守寒窗空寂寞

字字都笼着宝盖头,象征着被困在牢狱中,炼字很是精到。

刚写罢,他的和尚朋友来访。和尚对出下联,借以相劝:"远避迷途,退回莲迳返逍遥。"秀才思前想后,觉得有理,便与和尚出游去了。

你知道为什么吗?

9 巧言妙对贪官联

明朝初期有一个贪官,大年三十在衙门口贴了一副对联:

一心为民,两袖清风,三思而行,四方太平,五谷丰登;
六欲有节,七情有度,八面兼顾,九居德范,十分廉明。

横批:福荫百姓

到了正月初一,有人就在贪官的红对子上贴了一副白对子:

十年寒窗,九载熬油,八进科斗,七品到手,六亲不认;
五官不正,四蹄不羁,三餐饱食,二话不说,一心捞钱。

根据对联内容,你能对出横批吗?

10 自画像

郑板桥被称为扬州八怪之一,诗、书、画堪称三绝。一天,郑板桥的一位好友笑着对他说:"您才思敏捷,出口成对,为自己写一副联语吧。"郑板桥并不以为是玩笑,立即认真地写起来。郑板桥以画竹闻名,所以他的上联便以竹子为题材:

虚心竹有低头叶

好友看了上联十分佩服,期待着郑板桥的下联。但郑板桥迟迟不动笔,好友便问他下联以什么为题材,郑板桥说以梅花为题材。好友以为下联会是褒义,没想到却是贬义。这副联语,确是郑板桥的自我写照。他对艺术精益求精,一丝不苟,总愿意虚心求教于别人;而对封建官场的歪风邪气却决不随波逐流。因此,他虽做官,却处处关心民众,不逢迎拍马,被罢了官。这副对联惟妙惟肖地活画出郑板桥虚心好学、刚直不阿的高风亮节。

根据文中提示,你能对出下联吗?

11 拆字联

中华文字多奇趣，古今多少文人墨客玩味其中以为乐。如有一种文字游戏叫"拆字"，被广泛用于作诗、填词、撰联，或用于隐语、制谜、酒令等，用于撰联则更多。有一副著名的拆字联，上联是：

　　池河，池河，无水也可

上联将"池"和"河"两个字除去三点水变成"也可"，下联则用"更山"两个字做文章，对仗工整，相映成趣。

根据文中提示，你能对出下联吗？

12 林则徐写对联

林则徐是我国近代史上一个伟大的爱国者，也是一个著名的学者。他诗文并茂，书法精美，所撰对联，风采夺目，为后世所传诵。林则徐出生于一个私塾教师家庭，他幼承庭训，4岁开始读书写字，7岁就能写出好文章，13岁中秀才，20岁中举人，27岁中进士，有"神童""才子"之誉。他的对联作品中有不少是谈读书治学的，如：

　　家少楼台无地起，案余灯火有天知

林则徐勤学不懈，博览群书，甚至在远谪新疆伊犁时，还以大车载书二十箧自随。晚年，他撰写过这样一副对联，上联是：

　　坐卧一楼间，因病得闲，如此散才天或恕

上联反映了自己雄才大略无法舒展，又患病闲居的沉重心情。

下联巧用《颜氏家训》中"幼而学者，如日出之光；老而学者，如秉烛夜行，犹贤乎瞑目而无睹"的名句，以倾吐自己的抱负。此联后来由梁章钜书题于林则徐在福州文藻山的旧宅。

根据文中提示，你能对出下联吗？

13 鸿雁与蚕

民族英雄林则徐，一生都在做着济世救民的事，他不但以抵抗英国侵略者销毁鸦片而出名，而且是著名的文学家，他从小就勤奋好学，特别擅长写对联。有一次，林则徐陪老师去郊游。老师看见江边鸿雁飞翔，马上触景生情，出了一个对句给林则徐：

鸿是江边鸟

林则徐听到老师的联句后，忽然想到农户家养的那些蚕，于是就灵机一动，对出了下联。老师出的上联，可以有两种解释，一是指眼前的景，鸿雁这种鸟经常生活在江边；二是"鸿"可以拆开来，"江"字边加一"鸟"字，这是拆字联。

根据文中提示，你能对出下联吗？

14 菊花与甘棠

有一次，梁启超按照老师的安排，做了一篇洋洋洒洒的文章，交给老师看后，老师很满意，接着出了一个联句让梁启超对：

东篱客赏陶潜菊

梁启超听了，知道这句联句是由陶渊明《归园田居》中的句子演变而成的，原诗为"采菊东篱下，悠然见南山"。他想了想，也采取了"用典"的手法。他想起召伯棠当地人叫召棠，是一种树。相传，周朝有个人叫召伯，在朝廷里当官，这个人很清正开明，从不做侵害百姓的事，他到南方巡视时，对老百姓们都很关心。他曾经在一棵甘棠树下休息，百姓们都很尊敬这位官员，就互相告诫，不要砍伤这棵树，并称这棵树为"召棠树"，以表达对他的敬仰和纪念。梁启超的下联，运用了这个典故，正巧与上联配合，对得很巧妙。

根据文中提示，你能对出下联吗？

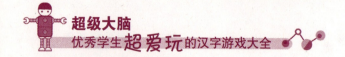

15 袖底笼花

梁启超是我国著名的学者。10岁那年，他跟随父亲到城里去考试，在父亲的好朋友家里借住下来。一天早上，梁启超正在院中玩耍，他看见盛开的桃花鲜艳夺目，便顺手摘了一小枝，坐在石凳上拿着桃花欣赏，正巧父亲和朋友这时走过来，他怕受到责备，赶忙把桃花藏在袖子里，但还是让父亲看到了，父亲便出了一个对联让他对，如果对不出就要受罚。上联是：

袖里笼花，小子暗藏春色

梁启超听了稍稍思索了一下便对出了下联。

根据文中提示，你能对出下联吗？

第6章

百科游乐园
bǎi kē yóu lè yuán

汉字

  有些教育工作者说：语文是一切学科的基础，是探索世界的最基本工具，是掌握百科知识的钥匙。百科知识就是指文学、历史、地理、生物等的综合知识，如果没有语文基础，想精通这些知识是不可能的。要学好语文，就得多看书，多渠道地拓展自己的知识面，这样才能让自己成为有文化、有内涵的人。

1 历史人物填空

请将历史人物正确地填入括号内。

（1）（　　）用兵——言过其实
（2）（　　）断臂——留一手
（3）（　　）进京——不怀好意
（4）（　　）谋荆州——赔了夫人又折兵
（5）（　　）进曹营——一言不发
（6）（　　）点烽火台——千金一笑
（7）（　　）进迷谷——靠老马识途
（8）（　　）之心——路人皆知
（9）（　　）面前舞大刀——献丑
（10）（　　）论战——一鼓作气

2 名著中跟"三"有关的情节

不少名著中都会写到跟"三"有关的情节，你能写出三个吗？
例：《西游记》中有"三打白骨精"

（1）_____
（2）_____
（3）_____

3 根据四大名著对出下联

读了中国四大名著之后，有人出了一个上联，请你也根据四大名著，对出下联。

上联：足智多谋，孔明巧借箭。

下联：（1）_____，_____。
　　　（2）_____，_____。
　　　（3）_____，_____。

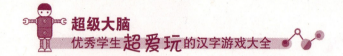

4 对联出处

历史上曾有的"风声雨声读书声声声入耳,家事国事天下事事事关心"对联是在( )。

A.东林书院　　B.岳麓书院　　C.石鼓书院　　D.白鹿书院

5 《红楼梦》中的判词

"心比天高,身为下贱"是《红楼梦》中对( )的判词。

A.晴雯　　B.袭人　　C.黛玉

6 有哪些兴趣和爱好

读对联,要注意揣摩其中的寓意,下面是某人根据自己的兴趣爱好写的两副对联,请写出此人具有哪些兴趣和爱好。

品韵方知丝竹雅,执毫始觉草篆神
和二弦撷趣生旦净,调七彩寄情梅竹松

7 清明节的别称

"清明时节雨纷纷,路上行人欲断魂",我国对清明节有多种别称,下列哪一种不是?

A.鬼节　　B.死节　　C.冥节　　D.聪明节　　E.寒食节

8 曲阜"三孔"

曲阜"三孔"不包括（　　）。
A.孔林　　B.孔庙　　C.孔园　　D.孔府

9 辨识"五谷"

下列不属于"五谷丰登"中的"五谷"的是（　　）。
A.水稻　　B.大豆　　C.玉米　　D.小麦

10 "六畜"包括哪些

"（　　）。此六畜，人所饲"一句中的六畜包括哪些？
A.马牛羊鸡犬豕　　B.虎兔鸭马鸡犬　　C.马牛羊猫蛇鼠

11 古代六艺

古代六艺"礼、乐、射、御、书、数"中的"御"是指（　　）。
A.下棋　　B.种花　　C.武术　　D.驾车　　E.舞蹈

12 七月流火

（　　）适合用"七月流火"来形容。
A.炎炎夏日　　B.夏去秋来　　C.春去夏来　　D.秋去冬来

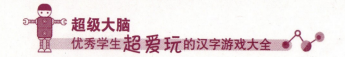

13 菊月

"采菊东篱下,悠然见南山"的生活方式被现代人所向往。被称为"菊月"的月份是(　　)。
A.八月　　B.九月　　C.十月

14 "闭月"是指谁

古代小说常用"沉鱼落雁,闭月羞花"形容女性之美,其中"闭月"是指(　　)。
A.王昭君　　B.杨玉环　　C.貂蝉　　D.西施　　E.赵飞燕

15 成也萧何,败也萧何

"成也萧何,败也萧何"说的是(　　)的经历。
A.刘邦　　B.项羽　　C.韩信　　D.张良

16 汗流浃背

"汗流浃背"的典故出自西汉周勃,他"汗流浃背"的原因是(　　)。
A.衣服穿得太多　　B.劳动太卖力气　　C.打仗拼死厮杀　　D.答不出皇帝的问题

17 期期艾艾

"期期艾艾"这个典故讲的是西汉的周昌和西晋的邓艾两个人说话时的什么毛病?
A.口吃　　B.好说谎　　C.喜欢骂人　　D.喜欢无病呻吟

18 掌上舞

相传我国古代能做"掌上舞"的人是（　　）。
A.杨玉环　　B.貂蝉　　C.赵飞燕　　D.西施

19 东床快婿

"东床快婿"原本是指（　　）。
A.司马相如　　B.王羲之　　C.刘邦　　D.诸葛亮

20 "司空"是指什么

成语"司空见惯"中的"司空"是指（　　）。
A.唐代一位诗人　　B.唐代一位高僧　　C.一种官职

21 程门立雪

"程门立雪"这个成语讲的是宋朝的杨时，为了见名士程颐而在他家门前冒雪等待的故事，杨时等待的目的是（　　）。
A.拜访　　B.请罪　　C.道谢　　D.辞别

22 名花解语

"名花解语"用来形容（　　）。
A.女子非常美丽　　B.花艳丽　　C.花通人性　　D.美女善解人意

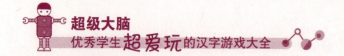

23 墙头马上

由成语"墙头马上"的原意可知,元朝白朴所著的《墙头马上》属于什么类型的杂剧?

　　A.武侠　　B.言情　　C.战争　　D.伦理　　E.历史

24 《梁祝》与《婚姻法》

《梁祝》突出反映了我国现行《婚姻法》的哪项基本制度?

　　A.男女平等　　B.一夫一妻　　C.婚姻自由

答案

第1章 语音有内涵

1. 多音字趣话

   háng háng xíng háng

2. 问路

   "五里"谐音为"无礼"。

3. 孟姜女庙门联

   "朝"字一音为zhāo，早晨或每天之意；另一音为cháo，谐音"潮"，即大海的潮汐。"长"字一音为cháng，谐音"常"；另一音为zhǎng，谐音"涨"。

   海水朝（cháo）朝（zhāo）朝（zhāo）朝（cháo）朝（zhāo）朝（cháo）朝（zhāo）落；浮云长（zhǎng）长（cháng）长（cháng）长（zhǎng）长（cháng）长（zhǎng）长（cháng）消。

4. 翘舌音汉字

   C

5. 翘舌音词语

   D

6. 奇妙的重音

   （1）E （2）A （3）B （4）D （5）C

7. 姓氏读音

   （1）gài Gě

   （2）chóu Qiú

   （3）chá Zhā

   （4）dān Shàn

8. zao是什么字

   早 皂 澡 灶 造 糟 枣

9. 招聘经理的拼音题

   恭 公 工 攻 功

10. 多音字趣题

    chāi chà chà chà chā chāi cī chà chà

11. 拼音猜成语

    （1）乐在其中　（2）混为一谈　（3）眼高手低

    （4）轻重倒置　（5）旗鼓相当　（6）七上八下

12.谐音图形猜成语

（1）春色满园　　（2）外强中干　　（3）非同小可
（4）左右为难　　（5）想入非非　　（6）三生有幸
（7）异曲同工　　（8）万事如意　　（9）百依百顺
（10）百万雄师　（11）一心一意　（12）卧薪尝胆
（13）心中有数　（14）心术不正　（15）三心二意
（16）耳目一新　（17）目瞪口呆　（18）刮目相看
（19）萍水相逢　（20）比比皆是　（21）寿终正寝
（22）死有余辜　（23）一路顺风　（24）八面来风
（25）风和日丽　（26）雕虫小技　（27）参差不齐
（28）头头是道　（29）鱼目混珠　（30）飞黄腾达
（31）一丝不苟　（32）狡兔三窟　（33）化为乌有
（34）归心似箭　（35）渐入佳境　（36）怒火中烧
（37）金玉良言　（38）三缄其口　（39）四平八稳
（40）南辕北辙　（41）飞檐走壁　（42）无所适从
（43）娓娓动听　（44）无法无天　（45）不可一世

第2章　字词句段篇

1.各加一个字

　　各加一个"口"字，成为"日""旦""亘""吾""电""舌"

2.用"口"组字

"日""目""田""吾（或唱）""晶""叱""只""曹""叶"

3.用"人"组字

"大""个""天""夫""太""犬""今""木""尺""介""从""队""欠""火"

4.巧填字

填"云"字，可以拼成"运动会"三个字

5.水中的学问

（1）渊　（2）湍　（3）汀　（4）渚　（5）涯　（6）涧

6.方格藏字

（1）昏　（2）晨　（3）辱　（4）射　（5）明　（6）肥

如下图：

	氏	
日	月	巴
	辰	
身	寸	

7. "春节"字谜

(1) 夫　　　　(2) 大　　　　(3) 一
(4) 人　　　　(5) 金　　　　(6) 从
(7) 位　　　　(8) 休　　　　(9) 众
(10) 旷　　　(11) 昂　　　(12) 奉
(13) 仸　　　(14) 音　　　(15) 时
(16) 茶　　　(17) 会　　　(18) 曼
(19) 最　　　(20) 天　　　(21) 淹
(22) 二

8. 关于"蛇"的字谜

(1) 纪　　　　(2) 撰　　　　(3) 进
(4) 包　　　　(5) 折　　　　(6) 肥
(7) 蠢　　　　(8) 嘿　　　　(9) 黄
(10) 笆　　　(11) 银　　　(12) 幽
(13) 异　　　(14) 孟　　　(15) 记
(16) 恭　　　(17) 芝　　　(18) 弱
(19) 佘　　　(20) 笆　　　(21) 蜡
(22) 爬　　　(23) 袭　　　(24) 汜
(25) 熙

9. 看图猜字

(1) 腥　　　　(2) 呀　　　　(3) 溃
(4) 赵

10. 图形加减法猜字

(1) 萌　　　　(2) 骄　　　　(3) 骄
(4) 权　　　　(5) 盯　　　　(6) 潮

11. 关于☀的字谜

(1) 旦、旧　　(2) 亘　　　　(3) 晶
(4) 田　　　　(5) 晒　　　　(6) 音
(7) 暗　　　　(8) 旭　　　　(9) 早
(10) 旱　　　(11) 旺

12. 联想词语

(1) 肥皂　　　(2) 电脑

13. 有趣的"话"

(1) 悄悄话　　(2) 恭维话　　(3) 胡话
(4) 风凉话　　(5) 空话　　　(6) 谎话
(7) 瞎话　　　(8) 套话　　　(9) 废话

14.选词填空
（1）井底蛙　　（2）应声虫　　（3）百灵鸟　　（4）千里马

15.笑和哭
（1）①欢笑　②奸笑　③喧笑　④狞笑　⑤嘲笑　⑥微笑　⑦傻笑　⑧畅笑　⑨讥笑　⑩苦笑
（2）①啼哭　②饮泣　③哽咽　④呜咽　⑤痛哭　⑥号哭　⑦啜泣　⑧抽泣

16.到底哭没哭
②√　⑤√　⑦√　⑧√　⑨√

17.怎么叫这类人
D

18.颠倒成词
（红火）和（火红）　　（楼上）和（上楼）　　（蜜蜂）和（蜂蜜）
（奶牛）和（牛奶）　　（井水）和（水井）　　（茶花）和（花茶）
（彩色）和（色彩）　　（故事）和（事故）　　（气节）和（节气）

19.标点留客
下雨天，留客天，留我不？留。

20.加标点
（1）哥哥、弟弟被评为三好学生。
（2）"哥哥，弟弟被评为三好学生。"
（3）"哥哥，弟弟被评为三好学生？"
（4）哥哥："弟弟被评为三好学生？"

21.一个笑一个哭
（1）儿的生活好，痛苦没有，粮食多，病少，挣了很多钱。
（2）儿的生活好痛苦，没有粮食，多病，少挣了很多钱。

22.总统候选人的幽默
C

23.安徒生的幽默
A

24.摇篮曲
（1）我被这美妙的音乐陶醉了。
（2）你怎么能在课堂上睡觉呢？

25."正义"和"灵感"
正义——一把路见不平挺身而出的利剑。　灵感——一道不能预设的智慧之光。

26.天气预报
上午阴转晴，黄昏时有阵雨。

27."而"字评语
老师针对学生滥用"而"字的情况，将"而"字的多种用法进行集中对照，既批评了学生，又在批评中传授了知识。

28.诗句评语

两个黄鹂鸣翠柳——不知所云;一行白鹭上青天——离题万里。

第3章 成语大比拼

1.填充数字成语

(1) 万   (2) 万   (3) 万
(4) 万   (5) 万   (6) 万
(7) 万   (8) 万   (9) 千
(10) 百   (11) 百   (12) 千
(13) 千   (14) 千   (15) 百
(16) 百   (17) 十   (18) 百
(19) 五   (20) 九   (21) 二
(22) 三   (23) 五   (24) 十
(25) 五   (26) 四   (27) 四
(28) 四   (29) 四   (30) 八
(31) 七   (32) 八   (33) 二
(34) 二

2.填充动物成语

(1) 牛   (2) 马   (3) 马
(4) 鸡   (5) 马   (6) 马
(7) 鱼   (8) 鼠   (9) 鸡
(10) 马

3.填充植物成语

(1) 叶 根 (2) 花   (3) 草
(4) 麦   (5) 花   (6) 根
(7) 叶   (8) 实

4.填充器物成语

(1) 纸   (2) 书   (3) 尺
(4) 玉   (5) 衣   (6) 瓶
(7) 灯   (8) 车   (9) 鼓
(10) 床   (11) 尺   (12) 银
(13) 船   (14) 票   (15) 木
(16) 油   (17) 席   (18) 门
(19) 石   (20) 石   (21) 针

5.填充器官成语

(1) 脸   (2) 身   (3) 头
(4) 眼   (5) 头   (6) 背

（7）口　　　　　　　（8）眼　　　　　　　（9）眼
（10）心　　　　　　（11）目　　　　　　（12）面
（13）脚

6. 填充方位成语
（1）上　　　　　　（2）下　　　　　　（3）前 后
（4）表　　　　　　（5）下　　　　　　（6）上
（7）前　　　　　　（8）里　　　　　　（9）上
（10）上　　　　　（11）右　　　　　（12）南
（13）东　　　　　（14）外　　　　　（15）后
（16）间　　　　　（17）东　　　　　（18）内
（19）后　　　　　（20）旁　　　　　（21）东
（22）外　　　　　（23）后　　　　　（24）旁

7. 填充比喻成语
（1）流　　　　　　（2）神　　　　　　（3）瓶
（4）朝　　　　　　（5）易　　　　　　（6）获
（7）始　　　　　　（8）容　　　　　　（9）判
（10）自

8. 填充叠字成语
（1）跳跳　　　　　（2）林林　　　　　（3）文文
（4）整整　　　　　（5）本本　　　　　（6）进进
（7）公 公　　　　（8）分 分　　　　（9）各 各
（10）觉 觉　　　（11）多 多　　　（12）各 各

9. 填充"刀"字成语
（1）老　　　　　　（2）藏　　　　　　（3）火
（4）试　　　　　　（5）断　　　　　　（6）留
（7）落

10. 填充"士"字成语
（1）酒　　　　　　（2）相　　　　　　（3）正
（4）义

11. 填充"天"字成语
（1）冲　　　　　　（2）统　　　　　　（3）老
（4）险　　　　　　（5）究　　　　　　（6）际
（7）洞　　　　　　（8）命　　　　　　（9）造
（10）靠　　　　　（11）胜　　　　　（12）府
（13）普　　　　　（14）神　　　　　（15）南
（16）降　　　　　（17）代　　　　　（18）命
（19）间　　　　　（20）平

12.填充"国"字成语

　　(1)身　　　　　　(2)让　　　　　　(3)元
　　(4)家　　　　　　(5)列　　　　　　(6)安
　　(7)是　　　　　　(8)害

13.填充"归"字成语

　　(1)假　　　　　　(2)望　　　　　　(3)落
　　(4)客　　　　　　(5)视

14.填充"心"字成语

　　(1)相　　　　　　(2)服　　　　　　(3)快
　　(4)协　　　　　　(5)肯　　　　　　(6)连
　　(7)潮　　　　　　(8)掉　　　　　　(9)满
　　(10)经　　　　　 (11)直　　　　　 (12)意
　　(13)古　　　　　 (14)见　　　　　 (15)跳
　　(16)在　　　　　 (17)任　　　　　 (18)喜
　　(19)数　　　　　 (20)神

15.填充"梅"字成语

　　(1)梅子　　　　　(2)梅花　　　　　(3)刺梅花
　　(4)草玉梅　　　　(5)山梅花　　　　(6)蜡梅花
　　(7)五色梅花　　　(8)云梅花草　　　(9)四棱山梅花
　　(10)心叶梅花草　 (11)短序山梅花　 (12)城口梅花草
　　(13)尾萼山梅花

16.填充天文、气象成语

　　(1)地　　　　　　(2)地　　　　　　(3)日
　　(4)月　　　　　　(5)月　　　　　　(6)月
　　(7)星　　　　　　(8)雨　　　　　　(9)云
　　(10)云　　　　　 (11)风　　　　　 (12)雨
　　(13)电

17.填充四季、姓氏成语

　　(1)春　　　　　　(2)春　　　　　　(3)春
　　(4)春　　　　　　(5)高　　　　　　(6)孔
　　(7)田　　　　　　(8)孙　　　　　　(9)温
　　(10)苏　　　　　 (11)李　　　　　 (12)严
　　(13)高　　　　　 (14)陈　　　　　 (15)季

18.填充成语，使之成为小学科目

　　(1)艺术　　　　　(2)地理　　　　　(3)历史
　　(4)语文　　　　　(5)自然　　　　　(6)数学
　　(7)英语　　　　　(8)化学　　　　　(9)生物

19.填充省会名称

　　（1）西安　　　　　（2）济南　　　　　（3）合肥
　　（4）南宁　　　　　（5）长春　　　　　（6）贵阳
　　（7）海口　　　　　（8）昆明　　　　　（9）长沙
　　（10）西宁

20.请在成语中填国家名、人名或地名

　　（1）美国　　　　　（2）李白　　　　　（3）上海
　　（4）苏州　　　　　（5）云南　　　　　（6）西安
　　（7）武汉

21.趣猜"蛇"字成语

　　（1）笔走龙蛇　　　（2）虎头蛇尾　　　（3）画蛇添足
　　（4）龙蛇混杂　　　（5）虚与委蛇　　　（6）龙曲蛇伸
　　（7）蛇头鼠眼　　　（8）巴蛇吞象　　　（9）杯蛇幻影
　　（10）拨草寻蛇　　 （11）打草惊蛇　　 （12）灵蛇之珠
　　（13）贪蛇忘尾　　 （14）佛口蛇心　　 （15）蛇蝎心肠
　　（16）斗折蛇行

22."四十"之谜

　　一（心）一（意）　一（干）二（净）　三（头）六（臂）　四（平）八（稳）
　　五（湖）四（海）　七（上）八（下）　九（死）一（生）　十（全）十（美）

23.给成语中加点字注音

　　（1）jiǎ　　　　　（2）fǔ　　　　　（3）chēng
　　（4）chà　　　　　（5）chāi　　　　（6）sì
　　（7）dàng　　　　（8）gōng　　　　（9）liàng
　　（10）cháo　　　 （11）zhāo

24.找出并改正下列成语中的错别字

　　（1）势→肆　　　　（2）列→例　　　　（3）跟→根
　　（4）已→己　　　　（5）像→象　　　　（6）司→施
　　（7）张→章　　　　（8）应→印　　　　（9）至→致
　　（10）施→司　　　 （11）坐→座　　　 （12）须→需
　　（13）象→像　　　 （14）记→纪　　　 （15）已→以
　　（16）成→陈　　　 （17）脚→角　　　 （18）影→引
　　（19）平→评　　　 （20）陈→层　　　 （21）手→首
　　（22）上→尚　　　 （23）做→作　　　 （24）示→视
　　（25）现→限　　　 （26）向→项　　　 （27）步→部
　　（28）富→副　　　 （29）士→示　　　 （30）治→制
　　（31）事→是

答　案

25.填动物名组成语
（1）牛　　　　　　　（2）虎　　　　　　　（3）狗
（4）羊

26.巧串魔珠
（1）长　　　　　　　（2）反　　　　　　　（3）前
（4）命　　　　　　　（5）相　　　　　　　（6）两
（7）遇　　　　　　　（8）风　　　　　　　（9）别
（10）后　　　　　　（11）活　　　　　　　（12）身
（13）随　　　　　　（14）起　　　　　　　（15）齐
（16）德　　　　　　（17）木　　　　　　　（18）适

27.相反或补充
（1）拒虎进狼　　　　（2）多助寡助　　　　（3）栽树乘凉
（4）则明则暗

28.数字、词语组成语
（1）一穷二白　　　　（2）朝三暮四　　　　（3）五颜六色
（4）七拼八凑　　　　（5）十室九空

29.用成语称赞别人的长处
（1）严于律己　　　　（2）始终如一

30.填歇后语中的成语
（1）闹中取静　　　　（2）无济于事　　　　（3）无关大局
（4）任重道远　　　　（5）没精打采

31.成语火车
（1）二龙戏珠　三心二意　五光十色　七上八下　八面玲珑　九牛二虎　十全十美
（2）一马当先　四通八达　六畜兴旺　八斗之才

32.选择反义词
　　C

33.开火车，学成语
（1）一团和气　千载奇遇　端人正士
（2）闹中取静　色艺两绝　有志竟成
（3）三人为众　极则必反

34.拼图片，识成语
（1）皮开肉绽　开基立业　不可侵犯
（2）因果报应　求亲告友　切近得当
（3）讲古论今　深谋远虑　结党连群
（4）保家安民　增收节支　反本还原
（5）通风报信　片言只字　相去几何

35. 找出反义成语并连线

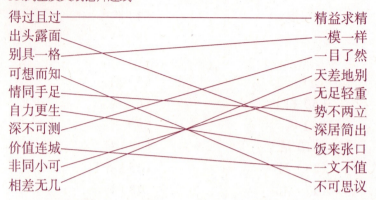

得过且过 —— 精益求精
出头露面 —— 深居简出
别具一格 —— 一模一样
可想而知 —— 不可思议
情同手足 —— 势不两立
自力更生 —— 饭来张口
深不可测 —— 一目了然
价值连城 —— 一文不值
非同小可 —— 无足轻重
相差无几 —— 天差地别

36. 成语的逻辑顺序

　　D

37. 两两相拼组成语

　　妙趣横生

38.《静夜思》组成语

夜雨对（床）	半信半（疑）	众擎易（举）	眼高手（低）
一往无（前）	各行其（是）	独占鳌（头）	头痛医（头）
先见之（明）	脚踏实（地）	大喜过（望）	行成于（思）
长年累（月）	至高无（上）	自作聪（明）	一见如（故）
鼠目寸（光）	雪上加（霜）	水中捞（月）	衣锦还（乡）

39. 成语转换

（1）口是心非　　（2）人云亦云　　（3）背道而驰
（4）不可救药　　（5）格格不入　　（6）实事求是
（7）风行一时　　（8）礼尚往来

40. 俗语换成语

（1）直言不讳　　（2）强人所难　　（3）吹毛求疵
（4）寡不敌众　　（5）祸不单行　　（6）欲盖弥彰
（7）见异思迁　　（8）吹毛求疵　　（9）贪得无厌
（10）劳而无功　（11）因噎废食　（12）顾此失彼

41. 根据古诗文写成语

（1）鞭长莫及　　（2）发人深省　　（3）见义勇为
（4）有名无实　　（5）春风得意

42. 源于历史典故的歇后语成语

（1）迷途知返　　（2）纸上谈兵　　（3）别具匠心
（4）揭竿而起　　（5）身败名裂　　（6）从谏如流
（7）穷途末路　　（8）威风凛凛

答 案

43. 源于神话传说的歇后语成语
- （1）张牙舞爪
- （2）老气横秋
- （3）腾云驾雾
- （4）鬼斧神工
- （5）自投罗网
- （6）神乎其神
- （7）鬼话连篇
- （8）各有千秋

44.《红楼梦》中的歇后语成语
- （1）外强中干
- （2）戏中有戏
- （3）看破红尘
- （4）误入迷津
- （5）谨小慎微
- （6）弱不禁风
- （7）两面三刀
- （8）少见多怪

45.《西游记》中的歇后语成语
- （1）好事多磨
- （2）改邪归正
- （3）神通广大
- （4）得意忘形
- （5）其貌不扬
- （6）忘乎所以
- （7）忠心耿耿
- （8）原形毕露

46.《水浒传》中的歇后语成语
- （1）虚情假意
- （2）身先士卒
- （3）粗中有细
- （4）甘拜下风
- （5）官逼民反
- （6）谋财害命
- （7）不打自招
- （8）别有用心

47.《三国演义》中的歇后语成语
- （1）时来运转
- （2）弄假成真
- （3）恼羞成怒
- （4）欲擒故纵
- （5）百发百中
- （6）认贼作父
- （7）轻而易举
- （8）赤膊上阵

48. 比喻性歇后语成语
- （1）头头是道
- （2）锦上添花
- （3）前程似锦
- （4）突飞猛进
- （5）微乎其微
- （6）走投无路
- （7）忘恩负义
- （8）节外生枝
- （9）昂首阔步

49. 日常生活与歇后语成语
- （1）多此一举
- （2）两全其美
- （3）谈笑风生
- （4）看风使舵
- （5）无依无靠
- （6）大惊小怪

50. 新生事物与歇后语成语
- （1）空话连篇
- （2）引人入胜
- （3）长驱直入
- （4）遥相呼应
- （5）有机可乘
- （6）高谈阔论
- （7）肝胆相照
- （8）出口成章

51. "动物"地名填成语
- （1）宝鸡
- （2）马龙
- （3）鹤山
- （4）象山
- （5）雁山
- （6）马关
- （7）乌苏
- （8）青羊
- （9）侯马
- （10）鹤庆
- （11）康马
- （12）乌兰
- （13）蝶山
- （14）象州
- （15）鸡冠

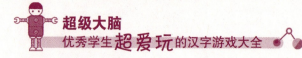

（16）鹿泉　　　　　　　（17）虎丘　　　　　　　（18）鸠江
（19）鱼台　　　　　　　（20）鹿城　　　　　　　（21）鸡泽
（22）鹤壁　　　　　　　（23）鲤城　　　　　　　（24）雁峰
（25）义乌　　　　　　　（26）马尾　　　　　　　（27）乌海
（28）鸡东　　　　　　　（29）马鞍山

52."气象"地名填成语
（1）云台　　　　　　　（2）日照　　　　　　　（3）雷峰
（4）电白　　　　　　　（5）闪里　　　　　　　（6）雾社
（7）阳春　　　　　　　（8）玉龙雪山　　　　　（9）雨花路

53.春节传统习俗填成语
（1）扫尘　　　　　　　（2）拜年　　　　　　　（3）守岁
（4）迎春　　　　　　　（5）年夜饭　　　　　　（6）除夕夜
（7）放爆竹　　　　　　（8）压岁钱　　　　　　（9）帖窗花
（10）帖年画　　　　　　（11）帖福字

54.花名填成语
（1）一串红　　　　　　（2）水仙　　　　　　　（3）百合花
（4）金佛手　　　　　　（5）格桑花　　　　　　（6）郁金香
（7）菊花　　　　　　　（8）剑兰　　　　　　　（9）茶花

55.中国象棋术语填成语
（1）九宫　　　　　　　（2）巡河　　　　　　　（3）解杀
（4）盘头马　　　　　　（5）马后炮　　　　　　（6）两头蛇
（7）花士象　　　　　　（8）过河兵　　　　　　（9）车炮抽杀
（10）炮碾丹沙　　　　　（11）平地兑车　　　　　（12）二鬼拍门

56.中国历史遗址填成语
（1）阿房宫　　　　　　（2）雅尔湖　　　　　　（3）大明宫
（4）古格王国　　　　　（5）侯马晋国　　　　　（6）汉长安城
（7）燕下都故城　　　　（8）楚纪南故城　　　　（9）赵邯郸故城
（10）曲阜鲁国故城

57.中国神话故事填成语
（1）《天仙配》　　　　（2）《月亮树》　　　　（3）《女娲造人》
（4）《夸父追日》　　　（5）《后羿射日》　　　（6）《大禹治水》
（7）《牛郎织女》　　　（8）《仓颉造字》　　　（9）《天梯建木》
（10）《龙伯钓鳌》　　　（11）《精卫填海》　　　（12）《八仙过海》
（13）《神农尝百草》　　（14）《刑天舞干戚》　　（15）《龙犬娶公主》
（16）《盘古开天辟地》

58.中国著名古城填成语
（1）平遥　　　　　　　（2）丽江　　　　　　　（3）大理

(4)荆州　　　　　　(5)商丘　　　　　　(6)兴城
(7)襄阳　　　　　　(8)昭化　　　　　　(9)石家河
(10)西安

59.中国著名古镇填成语
(1)龙门　　　　　　(2)周庄　　　　　　(3)平遥
(4)兴安　　　　　　(5)丽江　　　　　　(6)永定
(7)开平　　　　　　(8)中山　　　　　　(9)台儿庄
(10)李庄　　　　　　(11)三河　　　　　　(12)阳山
(13)平乐　　　　　　(14)宏村　　　　　　(15)郭洞
(16)千灯　　　　　　(17)安义　　　　　　(18)师家沟
(19)三江　　　　　　(20)大理　　　　　　(21)雷山
(22)泰宁　　　　　　(23)赤坎　　　　　　(24)周村

60.中国赏梅胜地填成语
(1)西山　　　　　　(2)灵峰　　　　　　(3)南山
(4)磨山　　　　　　(5)孤山　　　　　　(6)梅花山
(7)罗岗山　　　　　(8)香雪海　　　　　(9)兴庆宫
(10)龙泉山　　　　　(11)流溪香雪　　　　(12)成都草堂
(13)岳岭梅谷

61.中国赏雪胜地填成语
(1)西山晴雪　　　　(2)南山积雪　　　　(3)玉山积雪
(4)苍山积雪　　　　(5)断桥残雪　　　　(6)银装素裹
(7)江天暮雪　　　　(8)林海雪原　　　　(9)黄山雪景
(10)沙湖冰雪　　　　(11)圣湖雪景　　　　(12)梅里雪山
(13)四姑娘山　　　　(14)呼伦贝尔冰雪　　(15)彩廊冬雪
(16)江臬雾雪　　　　(17)南山积雪　　　　(18)孤山雪松
(19)微山积雪　　　　(20)断桥残雪　　　　(21)平冈积雪
(22)大坪雾雪　　　　(23)罗浮雪影　　　　(24)锦屏雪浪
(25)西岭晴雪　　　　(26)白云雪霁　　　　(27)北桥净雪
(28)少室晴雪　　　　(29)龙山积雪　　　　(30)尧山冬雪
(31)抱冰挹雪　　　　(32)西山早雪　　　　(33)苍山积雪

62.中国赏竹胜地填成语
(1)安吉　　　　　　(2)竹海　　　　　　(3)桃江
(4)君山　　　　　　(5)莫干山　　　　　(6)望江楼

63.中国十大山洞填成语
(1)王屋山洞　　　　(2)委羽山洞　　　　(3)西城山洞
(4)西玄山洞　　　　(5)赤城山洞　　　　(6)青城山洞
(7)罗浮山洞　　　　(8)林屋山洞　　　　(9)句曲山洞

（10）括苍山洞

64. 中国著名雪山填成语

（1）仙热日　　　　　（2）雪宝顶　　　　　（3）雀儿山
（4）梅里雪山　　　　（5）贡嘎雪山　　　　（6）乔戈里峰
（7）西岭雪山　　　　（8）白马雪山　　　　（9）四姑娘山
（10）慕士塔格　　　（11）三奥雪山　　　（12）南迦巴瓦
（13）玉龙雪山　　　（14）念青唐古拉

65. 中国十大瀑布填成语

（1）流沙　　　　　　（2）庐山　　　　　　（3）壶口
（4）德天　　　　　　（5）黄果树　　　　　（6）马岭河
（7）镜中湖　　　　　（8）大龙湫　　　　　（9）银练坠
（10）九寨沟

66. 中国国家地质公园填成语

（1）白石山　　　　　（2）五台山　　　　　（3）阿尔山
（4）冰峪沟　　　　　（5）花岗岩石林　　　（6）大别山
（7）白水洋　　　　　（8）三清山　　　　　（9）泰山
（10）云台山　　　　（11）湖光岩　　　　（12）海螺沟
（13）石林　　　　　（14）羊八井　　　　（15）青海湖

67. 长城关口填成语

（1）居庸关　　　　　（2）玉门关　　　　　（3）井陉关
（4）牛庄城　　　　　（5）马水口　　　　　（6）老龙头
（7）三屯营　　　　　（8）司马台　　　　　（9）九孔楼
（10）鸡鹿塞　　　　（11）高阙塞　　　　（12）狼牙口
（13）北楼口　　　　（14）飞狐口　　　　（15）鹿皮关

68. 中国世界地质公园填成语

（1）黄山　　　　　　（2）庐山　　　　　　（3）云台山
（4）石林　　　　　　（5）丹霞山　　　　　（6）五大连池
（7）泰宁　　　　　　（8）兴文　　　　　　（9）泰山
（10）房山　　　　　（11）镜泊湖　　　　（12）伏牛山
（13）龙虎山　　　　（14）天柱山　　　　（15）三清山
（16）克什克腾

69. 中国国家级自然保护区填成语

（1）松山　　　　　　（2）八仙山　　　　　（3）小五台山
（4）仙人洞　　　　　（5）大黑山　　　　　（6）清凉峰
（7）升金湖　　　　　（8）文山　　　　　　（9）大明山
（10）青海湖　　　　（11）五指山

答 案

70.十二生肖地名填成语
（1）鼠街　　　　　（2）牛街　　　　　（3）虎门
（4）兔街　　　　　（5）蛇口　　　　　（6）马头
（7）猴石　　　　　（8）鸡峰山　　　　（9）狗街
（10）猪街　　　　（11）龙台　　　　　（12）羊肉弄

71."花草树木"地名填成语
（1）兰溪　　　　　（2）松阳　　　　　（3）榆树
（4）牡丹　　　　　（5）茅箭　　　　　（6）竹山
（7）荆州　　　　　（8）松滋　　　　　（9）黄梅
（10）麻城　　　　（11）仙桃　　　　　（12）桃源
（13）桑植　　　　（14）桂阳　　　　　（15）桂东
（16）桃江　　　　（17）木兰　　　　　（18）梅河口

72.外来入侵植物填成语
（1）决明　　　　　（2）豚草　　　　　（3）剑麻
（4）毒麦　　　　　（5）马缨丹　　　　（6）飞机草
（7）仙人掌　　　　（8）银胶菊　　　　（9）一年蓬
（10）水花生　　　（11）节节草　　　　（12）牛茄子
（13）紫茎泽兰　　（14）空心莲子草　　（15）北美车前草
（16）加拿大一枝黄花

73.多肉植物名称填成语
（1）明镜　　　　　（2）蓝松　　　　　（3）银星
（4）雷童　　　　　（5）千佛手　　　　（6）生石花
（7）红稚儿　　　　（8）草玉露　　　　（9）千兔耳
（10）长寿花　　　（11）黄花照波　　　（12）珍珠吊兰
（13）黄金花月　　（14）五十铃玉　　　（15）黄丽
（16）玉扇　　　　（17）花月夜　　　　（18）虹之玉
（19）星乙女　　　（20）月兔耳　　　　（21）垂盆草
（22）仙人掌　　　（23）石莲花　　　　（24）子持莲华
（25）圆头玉露　　（26）快刀乱麻　　　（27）千代田之松
（28）鹰爪十二卷

74.牡丹别名填成语
（1）花后　　　　　（2）贵客　　　　　（3）雄红
（4）赏客　　　　　（5）鼠姑　　　　　（6）京花
（7）木芍药　　　　（8）百两金

75."年宵花"填成语
（1）水仙　　　　　（2）佛手　　　　　（3）红掌
（4）红玉珠　　　　（5）康乃馨　　　　（6）仙客来

（7）君子兰　　　　　（8）黄金果　　　　　（9）宝莲灯
（10）香石竹　　　　　（11）石斛兰　　　　　（12）满堂红
（13）紫珊瑚　　　　　（14）郁金香　　　　　（15）大花惠兰
（16）黄金万两　　　　（17）蝴蝶兰　　　　　（18）大花惠兰
（19）朱顶红　　　　　（20）红掌　　　　　　（21）凤梨
（22）宝莲灯　　　　　（23）水仙　　　　　　（24）鹤望兰
（25）四宝黄金　　　　（26）康乃馨　　　　　（27）长寿花
（28）山茶

76.牡丹名品填成语
（1）魏紫　　　　　　（2）二乔　　　　　　（3）豆绿
（4）赵粉　　　　　　（5）黑花魁　　　　　（6）御衣黄
（7）夜光白　　　　　（8）状元红　　　　　（9）蓝田玉
（10）大金粉　　　　　（11）黑撒金　　　　　（12）火炼金丹
（13）贵妃赏月　　　　（14）金丝冠顶

77.芍药别名填成语
（1）花相　　　　　　（2）留夷　　　　　　（3）娇容
（4）余容　　　　　　（5）将离　　　　　　（6）离草
（7）解仓　　　　　　（8）犁食　　　　　　（9）没骨花
（10）草芍药

78.芍药名品填成语
（1）紫蝶献金　　　　（2）乌龙捧盛　　　　（3）朱砂盘
（4）杨妃出浴　　　　（5）砚池漾波　　　　（6）墨子楼
（7）银荷　　　　　　（8）大富贵　　　　　（9）凤羽落金池
（10）冰青　　　　　　（11）花红重楼　　　　（12）银针绣红袍

79.茉莉花别名填成语
（1）岩花　　　　　　（2）莫利花　　　　　（3）没丽
（4）没利　　　　　　（5）抹厉　　　　　　（6）木梨花
（7）抹历　　　　　　（8）三白山榴花　　　（9）抹丽
（10）末利

80.桃花名品填成语
（1）白碧桃　　　　　（2）单粉　　　　　　（3）品霞
（4）五宝桃　　　　　（5）照手红　　　　　（6）绿萼垂枝
（7）二色桃　　　　　（8）菊花桃　　　　　（9）小花白碧桃
（10）大花白碧桃　　　（11）五色碧桃　　　　（12）千瓣桃红
（13）红碧桃　　　　　（14）紫叶桃　　　　　（15）绿花桃
（16）垂枝碧桃　　　　（17）瑕玉寿星　　　　（18）寿星桃

答　案

81. 丁香花别名填成语
（1）百结　　　　　（2）素客　　　　　（3）情客
（4）鸡舌香　　　　（5）丁子香　　　　（6）紫丁香
（7）子丁香　　　　（8）支解香　　　　（9）雄丁香
（10）公丁香　　　（11）龙梢子　　　（12）如宇香
（13）索瞿香　　　（14）百里馨　　　（15）百结花

82. 山茶花名品填成语
（1）雪皎　　　　　（2）花牡丹　　　　（3）十样锦
（4）花佛鼎　　　　（5）凤山茶　　　　（6）鹤顶红
（7）八宝妆　　　　（8）松子鳞　　　　（9）雪里红
（10）恨天高　　　（11）鸳鸯凤冠　　（12）十八学士
（13）风尘三侠　　（14）朱砂紫袍　　（15）洒金宝珠

83. 茶之雅称填成语
（1）清友　　　　　（2）花乳　　　　　（3）苍碧
（4）月团　　　　　（5）茶旗　　　　　（6）甘侯
（7）森伯　　　　　（8）甘露　　　　　（9）绿玉
（10）铁罗汉　　　（11）清人树　　　（12）不夜侯
（13）苦口师　　　（14）草中英

84. 鸟之雅号填成语
（1）牛医生　　　　（2）空中家禽　　　（3）江湖闲客
（4）忠实信使　　　（5）空中狮虎　　　（6）春天使者
（7）和平天使　　　（8）吉祥之鸟　　　（9）爱情之鸟
（10）除蝗能手　　（11）鸟族皇后　　（12）鸟中仙女
（13）口技专家　　（14）春之信使　　（15）草原歌手
（16）林中歌手　　（17）动物人参　　（18）百鸟之王
（19）鸟中歌星　　（20）森林大夫　　（21）灭鼠专家
（22）鸟中裁缝　　（23）爱的神手　　（24）黑管吹奏手
（25）大自然清洁工

85. 雪的别称填成语
（1）玉龙　　　　　（2）寒英　　　　　（3）玉蝶
（4）凝雨　　　　　（5）玉尘　　　　　（6）银粟
（7）玉花　　　　　（8）琼英　　　　　（9）玉沙
（10）玉英　　　　（11）冷飞白　　　（12）六出花

86. 蛇的名称填成语
（1）草上飞　　　　（2）王字蛇　　　　（3）焦尾巴
（4）小青龙　　　　（5）黄金甲　　　　（6）白节黑
（7）玉带蛇　　　　（8）过山标　　　　（9）火舌链子

87.趣填"蛇"字植物名
　　（1）蛇床　　　　　（2）蛇瓜　　　　　（3）蛇麻
　　（4）蛇木　　　　　（5）蛇灭门　　　　（6）蛇鞭菊
　　（7）蛇皮果　　　　（8）白蛇根草　　　（9）白花蛇舌草

88.趣填"马"字植物名
　　（1）马兰　　　　　（2）马唐　　　　　（3）马蒿
　　（4）马褂木　　　　（5）马醉木　　　　（6）马缨丹
　　（7）马梨光　　　　（8）马林光　　　　（9）马蹄金
　　（10）马蹄草　　　（11）马蹄黄　　　　（12）马尾铁
　　（13）马尾松　　　（14）马蹄针　　　　（15）马来葵
　　（16）降马　　　　（17）马尾树　　　　（18）马鞭草
　　（19）马蹄香　　　（20）野马追　　　　（21）马耳兰
　　（22）马苋菜　　　（23）马拉巴栗　　　（24）马尔康桑
　　（25）马齿苋树　　（26）喜马山柳　　　（27）斑马萝摩
　　（28）斑叶马醉木　（29）马鞍羊蹄甲　　（30）长叶马府油树

89.趣填"马"字动物名
　　（1）马陆　　　　　（2）马蜂　　　　　（3）马鹿
　　（4）马熊　　　　　（5）角马　　　　　（6）河马
　　（7）海马　　　　　（8）斑马　　　　　（9）马来熊
　　（10）马尾蜂　　　（11）马鬃蛇　　　　（12）马来环蛇
　　（13）马粪海胆　　（14）大马哈鱼

90.趣填"马"字山名
　　（1）马山　　　　　（2）马耳山　　　　（3）马衔山
　　（4）白马山　　　　（5）马头山　　　　（6）天马山
　　（7）野马山　　　　（8）马鬃山　　　　（9）马仁山
　　（10）马鞍山　　　（11）大马山　　　　（12）双马山
　　（13）九马画山　　（14）马家墩山　　　（15）大马群山

91."马"字名胜古迹填成语
　　（1）马山　　　　　（2）马王堆　　　　（3）画马石
　　（4）跑马山　　　　（5）马超墓　　　　（6）马峦山
　　（7）马跑泉　　　　（8）白马湖　　　　（9）白马尖
　　（10）天马山　　　（11）养马岛　　　　（12）马仁奇峰
　　（13）兵马俑坑　　（14）茶马古道　　　（15）司马台长城
　　（16）钱里马欢乐谷

92.趣填古代名马
　　（1）追风　　　　　（2）白兔　　　　　（3）追电
　　（4）飞翮　　　　　（5）绝地　　　　　（6）翻羽

（7）奔宵　　　　　（8）越影　　　　　（9）腾雾
　　（10）浮云　　　　（11）赤电　　　　（12）绝群
　　（13）逸群　　　　（14）龙子　　　　（15）绝尘
　　（16）龙文　　　　（17）鱼目　　　　（18）汗血
　　（19）赤兔　　　　（20）蒲稍

93.趣填"马"字词牌名
　　（1）上束马　　　（2）上马娇　　　　（3）风马儿
　　（4）古竹马　　　（5）竹马车　　　　（6）饮马歌
　　（7）紫骝马　　　（8）福马郎　　　　（9）踏马阵
　　（10）竹马儿　　（11）舞马词　　　（12）马家春慢
　　（13）喝马一枝花　（14）番马舞西风

94."马"字成语填古诗
　　（1）金戈铁马　　（2）万马齐喑　　　（3）塞翁失马
　　（4）老马识途　　（5）单枪匹马　　　（6）千军万马
　　（7）东风马耳　　（8）走马看花　　　（9）墙头马上
　　（10）高车驷马　（11）车马填门　　（12）饮马长江
　　（13）人语马嘶　（14）秋高马肥

95.填成语，组对联
　　（1）自知之明　　（2）海阔天空　　　（3）恶语伤人
　　（4）日月如梭　　（5）近水楼台　　　（6）一失足成千古恨
　　（7）山重水复　柳暗花明

96.成语加法
　　　　（九）牛（一）毛
　＋　（一）言（九）鼎
　　　─────────────
　　　　（十）全（十）美

97.成语减法
　　　　（五）光（十）色
　－　（四）面（八）方
　　　─────────────
　　　　（一）干（二）净

98.猜出三个成语
　　（1）七上八下　　（2）左邻右舍　　　（3）乐在其中

99.单字构图猜成语
　　（1）文武双全　　（2）大名鼎鼎　　　（3）名震一时
　　（4）大好河山　　（5）志在四方　　　（6）白纸黑字

（7）跃然纸上　　　　（8）门庭若市　　　　（9）关门大吉
（10）不耻下问　　　（11）弱不禁风　　　（12）坚如磐石
（13）铁证如山　　　（14）程门立雪　　　（15）拖泥带水
（16）一贫如洗　　　（17）满城风雨　　　（18）中流砥柱
（19）百川归海　　　（20）荒山野岭　　　（21）一刀两断
（22）拔刀相助　　　（23）容光焕发　　　（24）妙语连珠
（25）锦囊妙计　　　（26）秀色可餐　　　（27）不足挂齿
（28）一叶障目　　　（29）一脉相承　　　（30）一尘不染
（31）曲径通幽　　　（32）每况愈下　　　（33）居高临下
（34）高瞻远瞩　　　（35）胡说八道　　　（36）口口声声
（37）气吞山河　　　（38）阴阳怪气　　　（39）归心似箭
（40）绵里藏针　　　（41）如坐针毡　　　（42）一见钟情
（43）引火烧身　　　（44）非同小可　　　（45）东窗事发
（46）骨瘦如柴　　　（47）轻于鸿毛　　　（48）胸有成竹
（49）胸无点墨　　　（50）信口开河　　　（51）大显身手
（52）一手遮天　　　（53）天下为公　　　（54）喜从天降
（55）从天而降　　　（56）异想天开　　　（57）弥天大谎
（58）立锥之地　　　（59）草长莺飞　　　（60）落草为寇
（61）死灰复燃　　　（62）覆水难收　　　（63）亢龙有悔
（64）俯首称臣　　　（65）爱财如命　　　（66）闭关锁国
（67）背水一战　　　（68）开卷有益　　　（69）恩重如山
（70）一诺千金　　　（71）别具一格　　　（72）贻笑大方
（73）小心翼翼　　　（74）无米之炊

100.双字构图猜成语
（1）一五一十　　　　（2）承上启下　　　　（3）走南闯北
（4）南腔北调　　　　（5）通宵达旦　　　　（6）神出鬼没
（7）中西合璧　　　　（8）粉饰太平　　　　（9）绘声绘色
（10）歌功颂德　　　（11）互通有无　　　（12）内忧外患
（13）伯仲之间　　　（14）见仁见智　　　（15）薪火相传
（16）打抱不平　　　（17）劳燕分飞　　　（18）眉飞色舞
（19）手疾眼快　　　（20）富贵在天　　　（21）藏头露尾
（22）穷山恶水　　　（23）山盟海誓　　　（24）世代相传
（25）朝不保夕　　　（26）不痛不痒　　　（27）戒骄戒躁
（28）不卑不亢　　　（29）八拜之交　　　（30）百感交集
（31）今非昔比　　　（32）深入浅出　　　（33）逆来顺受
（34）四海升平　　　（35）拨乱反正　　　（36）临危不惧
（37）一见如故　　　（38）名落孙山　　　（39）迫在眉睫

（40）不分彼此　　（41）厚此薄彼　　（42）一本正经
（43）废话连篇　　（44）乘人不备　　（45）万念俱灰
（46）人神共愤　　（47）穷困潦倒　　（48）车载斗量
（49）不在话下　　（50）天罗地网　　（51）表里山河
（52）刀山火海　　（53）正中下怀　　（54）里应外合
（55）吃里爬外　　（56）平分秋色　　（57）无与伦比
（58）德高望重　　（59）上行下效　　（60）欺上瞒下
（61）南辕北辙　　（62）井底之蛙　　（63）口是心非
（64）舍己为人　　（65）内外交困　　（66）大手大脚
（67）暗度陈仓

101.叠字构图猜成语
（1）若隐若现　　（2）三心二意　　（3）高高在上
（4）呱呱坠地　　（5）息息相通　　（6）蹑手蹑脚
（7）蠢蠢欲动　　（8）轰轰烈烈　　（9）出尔反尔
（10）狭路相逢　　（11）祸不单行　　（12）两面三刀
（13）彬彬有礼　　（14）比翼双飞　　（15）臭味相投
（16）一厢情愿　　（17）众志成城　　（18）别出心裁
（19）苦中作乐　　（20）里应外合　　（21）话里有话
（22）粗中有细　　（23）无中生有　　（24）人中之龙
（25）天外有天　　（26）待字闺中　　（27）独具慧眼
（28）独具匠心　　（29）地广人稀　　（30）风雨交加
（31）小题大做　　（32）大惊小怪　　（33）大惩小戒
（34）长吁短叹　　（35）胆大心细　　（36）蜚短流长
（37）博大精深　　（38）大是大非　　（39）大逆不道

102.三字构图猜成语
（1）屈打成招　　（2）完璧归赵　　（3）三足鼎立
（4）梁上君子　　（5）一举两得　　（6）一石二鸟
（7）日上三竿　　（8）高高在上　　（9）恶意中伤
（10）旗开得胜　　（11）三心二意　　（12）比比皆是

103.四字构图猜成语
（1）天各一方　　（2）四通八达　　（3）密不透风
（4）四脚朝天　　（5）泾渭分明　　（6）四面楚歌
（7）四大皆空　　（8）熟能生巧　　（9）五音不全
（10）比肩接踵

104.多字构图猜成语
（1）一筹莫展　　（2）有口皆碑　　（3）五谷丰登
（4）学富五车　　（5）楚河汉界　　（6）六亲不认

（7）三番五次　　（8）乐在其中　　（9）三从四德
（10）酸甜苦辣　　（11）三山五岳　　（12）一窍不通
（13）网开一面　　（14）自圆其说　　（15）多此一举
（16）僧多粥少　　（17）价值连城　　（18）普天同庆
（19）天方夜谭　　（20）堆积如山　　（21）万人空巷
（22）千方百计　　（23）千变万化　　（24）排山倒海
（25）远走高飞　　（26）处心积虑　　（27）瞒天过海
（28）天下太平　　（29）新仇旧恨　　（30）出生入死

105.变形字构图猜成语
（1）拔苗助长　　（2）斩草除根　　（3）节外生枝
（4）雾里看花　　（5）层次分明　　（6）心如刀割
（7）唉声叹气　　（8）巧言如簧　　（9）飞来横祸
（10）半途而废　　（11）恨之入骨　　（12）灭顶之灾
（13）堤溃蚁穴　　（14）一波三折　　（15）化险为夷
（16）马失前蹄　　（17）人去楼空　　（18）怒发冲冠
（19）唇亡齿寒　　（20）见钱眼开　　（21）眉开眼笑
（22）扬眉吐气　　（23）断章取义　　（24）引人入胜
（25）开怀大笑　　（26）虚怀若谷　　（27）反戈一击
（28）同室操戈　　（29）鹬蚌相争　　（30）天崩地裂
（31）皮开肉绽　　（32）大惊失色　　（33）亭亭玉立
（34）延年益寿　　（35）能屈能伸　　（36）倾国倾城
（37）平起平坐　　（38）一知半解　　（39）卷土重来
（40）石破天惊　　（41）两面三刀　　（42）出将入相
（43）本末倒置　　（44）翻江倒海　　（45）回头是岸
（46）左右为难　　（47）斤斤计较　　（48）不堪回首
（49）反败为胜　　（50）三言两语　　（51）点到为止
（52）心直口快　　（53）寄人篱下　　（54）一塌糊涂
（55）莫名其妙

106.数字构图猜成语
（1）心里有数　　（2）朝三暮四　　（3）三六九等
（4）度日如年　　（5）天下无双　　（6）一刻千金
（7）十万火急　　（8）千钧一发　　（9）无穷无尽
（10）入木三分　　（11）举一反三　　（12）有板有眼
（13）罪加一等　　（14）百发百中　　（15）百依百顺
（16）千言万语　　（17）事半功倍

107.符号构图猜成语
（1）一模一样　　（2）外圆内方　　（3）可圈可点

(4）叹为观止　　　　　（5）无时无刻　　　　　（6）抑扬顿挫
(7）黑白颠倒　　　　　（8）古往今来　　　　　（9）七拼八凑
(10）靡靡之音　　　　（11）骨瘦如柴　　　　（12）蜻蜓点水
(13）其乐无穷　　　　（14）屈指可数　　　　（15）首屈一指
(16）了如指掌　　　　（17）鞭长莫及　　　　（18）赤手空拳
(19）大权在握　　　　（20）一触即发　　　　（21）食指大动
(22）不二法门　　　　（23）朝三暮四　　　　（24）捕风捉影
(25）妙手回春　　　　（26）拈花惹草　　　　（27）火中取栗
(28）隔靴搔痒　　　　（29）举棋不定　　　　（30）舍近求远
(31）舍生取义　　　　（32）拍手称快　　　　（33）礼尚往来
(34）两手空空　　　　（35）上下其手　　　　（36）高抬贵手
(37）六六大顺　　　　（38）两袖清风　　　　（39）一臂之力
(40）一针见血　　　　（41）切肤之痛　　　　（42）手脚并用
(43）指手画脚　　　　（44）毛手毛脚　　　　（45）七手八脚
(46）举手投足　　　　（47）不足为据　　　　（48）寸步难行
(49）步步为营　　　　（50）七步成诗　　　　（51）足不出户
(52）一步登天　　　　（53）一意孤行　　　　（54）雷厉风行
(55）一目了然　　　　（56）喜上眉梢　　　　（57）横眉怒目
(58）视死如归　　　　（59）眉来眼去　　　　（60）眼高手低
(61）有眼无珠　　　　（62）目中无人　　　　（63）不堪入目
(64）死不瞑目　　　　（65）隔岸观火　　　　（66）明眸皓齿
(67）望闻问切　　　　（68）病从口入　　　　（69）祸从口出
(70）脱口而出　　　　（71）口若悬河　　　　（72）坐吃山空
(73）沉默是金　　　　（74）舌战群儒　　　　（75）苦口婆心
(76）口是心非　　　　（77）心潮澎湃　　　　（78）万箭穿心
(79）万众一心　　　　（80）一心一意　　　　（81）同心协力
(82）心头大患　　　　（83）力不从心　　　　（84）一见倾心
(85）心灰意冷　　　　（86）心灰意冷　　　　（87）心不在焉
(88）心惊肉跳　　　　（89）惊心动魄　　　　（90）回心转意
(91）利欲熏心　　　　（92）心有余悸　　　　（93）手足之情
(94）全心投入　　　　（95）心心相印　　　　（96）将心比心
(97）提心吊胆　　　　（98）肝胆相照　　　　（99）嗤之以鼻
(100）耳提面命　　　（101）隔墙有耳　　　（102）耳聪目明
(103）耳闻目睹

108.人物构图猜成语
　　（1）敲锣打鼓　　　　（2）左右开弓　　　　（3）暗箭伤人
　　（4）垂头丧气　　　　（5）一气呵成　　　　（6）神出鬼没

（7）惊慌失措　　　　（8）白日做梦　　　　（9）梦寐以求
（10）缘木求鱼　　　（11）胆大于身　　　（12）泰山压顶
（13）一举两得　　　（14）哀兵必胜　　　（15）俯首称臣
（16）名利双收　　　（17）披星戴月　　　（18）画饼充饥
（19）漫不经心　　　（20）三思而行　　　（21）张冠李戴
（22）一叶障目　　　（23）压寨夫人　　　（24）衣食男女
（25）分道扬镳　　　（26）患难与共　　　（27）七上八下
（28）花前月下　　　（29）剑拔弩张　　　（30）剑拔弩张
（31）兵临城下　　　（32）拔山举鼎　　　（33）人面兽心
（34）四海升平　　　（35）前仆后继

109.食物构图猜成语
（1）水乳交融　　　　（2）酒囊饭袋　　　　（3）一饭千金
（4）一箪一瓢　　　　（5）瓜熟蒂落　　　　（6）望梅止渴
（7）藕断丝连　　　　（8）同甘共苦

110.动物构图猜成语
（1）风声鹤唳　　　　（2）鹤立鸡群　　　　（3）一鸣惊人
（4）鸟语花香　　　　（5）信笔涂鸦　　　　（6）鸦雀无声
（7）乌合之众　　　　（8）一石二鸟　　　　（9）欢呼雀跃
（10）笨鸟先飞　　　（11）敲山震虎　　　（12）如虎添翼
（13）羊肠小道　　　（14）犀牛望月　　　（15）胆小如鼠
（16）横行霸道　　　（17）蚕食鲸吞　　　（18）蛛丝马迹
（19）漏网之鱼　　　（20）如鱼得水　　　（21）鱼目混珠
（22）鱼龙混杂　　　（23）二龙戏珠　　　（24）龙凤呈祥
（25）龙马精神　　　（26）脱缰之马　　　（27）马失前蹄
（28）悬崖勒马　　　（29）马到成功　　　（30）马放南山
（31）白驹过隙　　　（32）马首是瞻　　　（33）马不停蹄
（34）天马行空　　　（35）单枪匹马　　　（36）千军万马
（37）鞍前马后　　　（38）人仰马翻　　　（39）并驾齐驱
（40）牛头马面　　　（41）心猿意马　　　（42）沐猴而冠
（43）狼狈为奸　　　（44）凤毛麟角　　　（45）蜻蜓点水
（46）针锋相对　　　（47）飞蛾扑火

111.植物构图猜成语
（1）一草一木　　　　（2）树大招风　　　　（3）自食其果
（4）叶落归根　　　　（5）落叶知秋　　　　（6）瓜田李下
（7）顺藤摸瓜　　　　（8）春暖花开　　　　（9）出水芙蓉
（10）妙笔生花　　　（11）花前月下　　　（12）花容月貌
（13）五花八门　　　（14）花天酒地　　　（15）锦上添花

（16）铁树开花　　　　　　（17）如花似玉　　　　　　（18）心花怒放
112.事物构图猜成语
　　（1）独树一帜　　　　　　（2）图穷匕见　　　　　　（3）茅塞顿开
　　（4）一身是胆　　　　　　（5）三足鼎立　　　　　　（6）一鼓作气
　　（7）抛砖引玉　　　　　　（8）香消玉殒　　　　　　（9）玉石俱焚
　　（10）如意算盘　　　　　　（11）称心如意　　　　　　（12）杯弓蛇影
　　（13）明枪暗箭　　　　　　（14）箭在弦上　　　　　　（15）百发百中
　　（16）鸡毛蒜皮　　　　　　（17）灵丹妙药　　　　　　（18）车水马龙
　　（19）困兽犹斗　　　　　　（20）木已成舟　　　　　　（21）见风使舵
　　（22）一帆风顺　　　　　　（23）风雨同舟　　　　　　（24）枪林弹雨
　　（25）水滴石穿　　　　　　（26）参差不齐　　　　　　（27）粗中有细
　　（28）大跌眼镜　　　　　　（29）火上浇油　　　　　　（30）刀山火海
　　（31）斩钉截铁　　　　　　（32）入木三分　　　　　　（33）落井下石
　　（34）丝丝入扣　　　　　　（35）珠联璧合　　　　　　（36）水涨船高
　　（37）水平如镜　　　　　　（38）敝帚千金　　　　　　（39）纵横交错
　　（40）四通八达　　　　　　（41）一扫而空　　　　　　（42）窗明几净
　　（43）开门见山　　　　　　（44）旁门左道　　　　　　（45）歪门邪道
113.自然天象构图猜成语
　　（1）日上三竿　　　　　　（2）拨云见日　　　　　　（3）夜以继日
　　（4）日复一日　　　　　　（5）白日做梦　　　　　　（6）世风日下
　　（7）如日中天　　　　　　（8）绕梁三日　　　　　　（9）镜花水月
　　（10）月中折桂　　　　　　（11）朝思暮想　　　　　　（12）爱憎分明
　　（13）明争暗斗　　　　　　（14）众星捧月　　　　　　（15）寥若晨星
　　（16）星罗棋布　　　　　　（17）泰山北斗　　　　　　（18）春雨如油
　　（19）风风雨雨　　　　　　（20）遮风挡雨　　　　　　（21）满城风雨
　　（22）翻云覆雨　　　　　　（23）风花雪月　　　　　　（24）一曝十寒
　　（25）过眼云烟　　　　　　（26）白云苍狗

第4章　诗词曲精华

1.诗句和成语
　　（1）高瞻远瞩　　　　　　（2）开卷有益　　　　　　（3）鞠躬尽瘁，死而后已
2.挑字组诗
　　随风潜入夜
3.读古诗猜早春花开
　　（1）梅花　　　　　　　　（2）玉兰　　　　　　　　（3）迎春花
　　（4）木兰花

4.读古诗猜春季节气
　　（1）春分　　　　　（2）清明　　　　　（3）立春
　　（4）惊蛰

5.古语和诗句
　　春色满园关不住，一枝红杏出墙来。

6.读古诗，猜春花
　　（1）梨花　　　　　（2）杏花　　　　　（3）桃花
　　（4）李花

7.春花烂漫填诗句
　　（1）梨花　　　　　（2）杏花　　　　　（3）桃花
　　（4）李花　　　　　（5）木棉花　　　　（6）樱桃花
　　（7）荔枝花　　　　（8）海棠　　　　　（9）梨花
　　（10）桃花　　　　（11）郁金香　　　　（12）紫荆
　　（13）牡丹　　　　（14）玉兰　　　　　（15）樱花
　　（16）杏花

8.诗中寻"春"
　　（1）春雨　　　　　（2）春江　　　　　（3）春光
　　（4）春潮　　　　　（5）春色　　　　　（6）春风

9."春"字成语填诗句
　　（1）秋月春风　　　（2）春风得意　　　（3）春满人间
　　（4）春色撩人　　　（5）春色满园　　　（6）柳暖花春
　　（7）马耳春风

10."春"字组诗句
　　（1）七言诗句　　　　　　　　　　　　（2）五言诗句
　　　　春色满园关不住　　　　　　　　　　　春帆细雨来
　　　　青春作伴好还乡　　　　　　　　　　　城春草木深
　　　　湖上春来似画图　　　　　　　　　　　兰叶春葳蕤
　　　　况遇新春胜利年　　　　　　　　　　　杨柳贺春来
　　　　昭苏万物春风里　　　　　　　　　　　潮满九江春
　　　　多栽红药待春还
　　　　百花齐放冬争春

11.春天雅称填诗句
　　（1）青阳　　　　　（2）新阳　　　　　（3）芳春
　　（4）三春　　　　　（5）艳阳　　　　　（6）九春
　　（7）青春　　　　　（8）阳节　　　　　（9）芳节

12.诗中寻夏
　　（1）夏初　　　　　（2）夏首　　　　　（3）夏季

（4）夏风　　　　　　（5）夏日　　　　　　（6）夏景
（7）夏木　　　　　　（8）夏簟　　　　　　（9）夏阴
（10）夏堂

13.读古诗猜初夏花名
（1）芍药　　　　　　（2）含笑　　　　　　（3）木莲
（4）锦带花

14."绿色"诗句
（1）绿岸　　　　　　（2）绿荫　　　　　　（3）绿池
（4）绿蘼　　　　　　（5）绿浪　　　　　　（6）绿树
（7）绿竹　　　　　　（8）绿漫漫

15.填颜色，组诗句
（1）黄　　　　　　　（2）黑　　　　　　　（3）绿
（4）蓝　　　　　　　（5）清　　　　　　　（6）红
（7）紫　　　　　　　（8）白　黄　　　　　（9）黑
（10）红　　　　　　（11）青　　　　　　　（12）紫

16.填鸟名，组诗句
（1）鸳鸯　　　　　　（2）燕　　　　　　　（3）归雁
（4）鸥鹭　　　　　　（5）黄鹂　白鹭　　　（6）燕子
（7）莺　　　　　　　（8）黄鹤　　　　　　（9）鹤
（10）黄鹤　　　　　（11）燕　　　　　　　（12）鹦鹉

17.填数字，组诗句
（1）四　　　　　　　（2）千　　　　　　　（3）万
（4）千　　　　　　　（5）一

18.填花名，组诗句
（1）杏花　　　　　　（2）梨花　　　　　　（3）梅花
（4）芙蓉　　　　　　（5）菊花

19.填地名，组诗句
（1）长安　　　　　　（2）玉关　　　　　　（3）洛阳
（4）锦城

20.填山名，组诗句
（1）庐山　　　　　　（2）阴山　　　　　　（3）巴山
（4）钟山

21.填充诗句"游"名胜
（1）桃花潭　安徽　　（2）庐山　江西　　　（3）钟山　江苏
（4）阳关　甘肃　　　（5）白帝　重庆　　　（6）寒山寺　江苏
（7）巴峡　重庆　　　（8）玉门关　甘肃　　（9）黄鹤楼　湖北
（10）西湖　浙江

22.古诗填福
（1）福地　　　　（2）福庆　　　　（3）福泽
（4）祝福　　　　（5）福寿　　　　（6）福运
（7）福禄　　　　（8）福星　　　　（9）福田
（10）福将　　　（11）福德　　　（12）幸福

23.古诗填香
（1）清香　　　　（2）梅香　　　　（3）寒香
（4）流香　　　　（5）芳香　　　　（6）沉香
（7）花香　　　　（8）书香　　　　（9）残香
（10）冷香　　　（11）暗香　　　（12）幽香

24.古诗填雪
（1）积雪　　　　（2）瑞雪　　　　（3）风雪
（4）雨雪　　　　（5）残雪　　　　（6）江雪
（7）暮雪　　　　（8）细雪　　　　（9）小雪
（10）花雪

25.古诗填鸟
（1）黄鹂　　　　（2）燕子、鸳鸯　　（3）黄莺
（4）鹧鸪　　　　（5）孔雀　　　　（6）啄木鸟
（7）画眉鸟　　　（8）丹顶鹤　　　（9）鹤
（10）苍鹰　　　（11）鹦鹉　　　（12）雁
（13）莺　　　　（14）燕子　　　（15）鸦
（16）喜鹊　　　（17）白鸥　　　（18）白鹭

26.古诗填石
（1）白石　　　　（2）乱石　　　　（3）幽石
（4）暗石　　　　（5）狞石　　　　（6）磐石
（7）怪石　　　　（8）乳石

27.古诗填"腊"
（1）腊月　　　　（2）腊雪　　　　（3）腊八
（4）腊序　　　　（5）腊风　　　　（6）腊寒
（7）岁腊　　　　（8）梅腊　　　　（9）腊天
（10）残腊　　　（11）腊梅　　　（12）枯腊
（13）寒腊　　　（14）年腊

28.古诗填竹
（1）爆竹　　　　（2）水竹　　　　（3）松竹
（4）云竹　　　　（5）石竹　　　　（6）文竹
（7）天竹　　　　（8）翠竹　　　　（9）毛竹
（10）丝竹　　　（11）墨竹　　　（12）枯竹

29.梅花词曲牌名填诗句
(1) 落梅　　　　　(2) 梅花曲　　　　(3) 折红梅
(4) 早梅香　　　　(5) 落梅风　　　　(6) 忆黄梅
(7) 梅花引　　　　(8) 望梅花　　　　(9) 梅弄影
(10) 早梅芳　　　 (11) 腊梅香

30.古诗填梅
(1) 乌梅　　　　　(2) 梅花　　　　　(3) 梅子
(4) 杨梅　　　　　(5) 蜡梅　　　　　(6) 山梅花
(7) 杏梅　　　　　(8) 青梅　　　　　(9) 古梅
(10) 春梅　　　　 (11) 雪梅　　　　 (12) 江梅
(13) 疏梅　　　　 (14) 寒梅　　　　 (15) 冬梅
(16) 野梅　　　　 (17) 朱梅　　　　 (18) 望梅
(19) 探梅　　　　 (20) 蜡梅　　　　 (21) 玉梅
(22) 残梅　　　　 (23) 宫梅

31.雪的别称填诗句
(1) 六出　　　　　(2) 玉龙　　　　　(3) 琼芳
(4) 银砂　　　　　(5) 瑞叶　　　　　(6) 银粟
(7) 玉花

32.中国名楼填唐诗
(1) 望江楼　　　　(2) 八咏楼　　　　(3) 黄鹤楼
(4) 岳阳楼　　　　(5) 鹳雀楼

33.中国名楼填诗句
(1) 鹳雀楼　　　　(2) 黄鹤楼　　　　(3) 钟鼓楼
(4) 望海楼　　　　(5) 岳阳楼　　　　(6) 滕王阁
(7) 蓬莱阁　　　　(8) 阅江楼

34."亭台楼阁"填诗句
(1) 黄鹤楼　　　　(2) 岳阳楼　　　　(3) 垂虹亭
(4) 滕王阁　　　　(5) 苏溪亭　　　　(6) 越王台
(7) 集灵台　　　　(8) 孺子亭

35.唐诗填马
(1) 赤兔　　　　　(2) 赤电　　　　　(3) 鱼目
(4) 逸群　　　　　(5) 龙文　　　　　(6) 绝群
(7) 浮云　　　　　(8) 追电　　　　　(9) 汗血
(10) 龙子　　　　 (11) 追风　　　　 (12) 白兔
(13) 绝尘　　　　 (14) 绝地

36.马的别称填古诗
  （1）白驹　　　　　（2）青骊　　　　　（3）骅骝
  （4）骊驹　　　　　（5）紫骝　　　　　（6）骐骥
  （7）老骥　　　　　（8）乌骓　　　　　（9）骢马
  （10）青骢　　　　（11）小驹

37.谜语一样的古诗句
  （1）墨梅　　　　　（2）石灰　　　　　（3）竹子
  （4）蜜蜂

38.诗中节日
  （1）清明　　　　　（2）重阳　　　　　（3）春节
  （4）中秋　　　　　（5）七夕
  排列：春节、清明、七夕、中秋、重阳

39.诗中节气
  （1）冬至　　　　　（2）夏至　　　　　（3）霜降
  （4）芒种　　　　　（5）春分秋分　　　（6）清明　谷雨

40."2月"别称填唐诗
  （1）仲春　　　　　（2）如月　　　　　（3）花月
  （4）中春　　　　　（5）令月　　　　　（6）酣春
  （7）仲月

41."12月"别称填唐诗
  （1）季冬　　　　　（2）除月　　　　　（3）残冬
  （4）冰月　　　　　（5）严冬　　　　　（6）暮冬
  （7）残月　　　　　（8）严月　　　　　（9）腊月

42."正月初一"别称填诗句
  （1）岁首　　　　　（2）新正　　　　　（3）元朔
  （4）首祚　　　　　（5）正朝　　　　　（6）三元
  （7）岁朝　　　　　（8）元日

43."野菜飘香"填诗句
  （1）蕨菜　　　　　（2）荠菜　　　　　（3）苦菜
  （4）芦蒿　　　　　（5）桔梗　　　　　（6）水芹

44.读古诗，猜树木
  （1）松树　　　　　（2）梧桐　　　　　（3）榆树
  （4）杨柳

45.树木名称组诗句
  （1）枫树　　　　　（2）桂树　　　　　（3）梧桐
  （4）青松　　　　　（5）杨柳　　　　　（6）桃树
  （7）桂树　　　　　（8）碧桃　　　　　（9）杨柳

（10）梧桐　　　（11）木兰　　　（12）枫树
（13）青松　　　（14）老柏

46.读古诗，填童趣
（1）放纸鸢　　　（2）横牛背　　　（3）骑竹马
（4）追黄蝶　　　（5）学垂纶　　　（6）学种瓜
（7）捉柳花　　　（8）弄钓舟

47.读古诗，填农具
（1）锄犁　　　（2）翻车　　　（3）秧马
（4）杵臼　　　（5）锨头　　　（6）连枷
（7）镰

48.读古诗猜"花中四友"
（1）迎春花　　　（2）山茶花　　　（3）梅花
（4）水仙

49.读古诗猜"玉堂富贵"
（1）玉兰　　　（2）海棠　　　（3）牡丹
（4）桂花

50.制鼓歌
紧蒙皮，密上钉。晴和雨，一样音。

51.长江支流填唐诗
（1）汉江　　　（2）岷江　　　（3）乌江
（4）沱江　　　（5）赣江　　　（6）湘江
（7）嘉陵江　　　（8）沅江

52."春回大地"填词牌
（1）迎春来　　　（2）金明春　　　（3）卷春空
（4）春草碧　　　（5）春莺啭　　　（6）怨春风
（7）柳梢春　　　（8）惜春令　　　（9）惜花春
（10）占春芳　　（11）西湖春　　（12）庆春时
（13）庆春岁　　（14）庆春泽　　（15）庆春深
（16）曲游春　　（17）阳春曲　　（18）望春回
（19）喜春来　　（20）谢池春

第5章　古今对联展

1.这是什么地方
　厕所

2.中药趣联
　茴香（"回乡"的谐音）

3.劝秀才

　　早行节俭事,免过淡泊年

4.贴反了

　　先生让人把上下联最后一个字铲去。再一看,就是一副上联仄声结尾、下联平声结尾的六言联:"盛世无须掩闸,太平不用敲更。"

　　知道了"铲字"的办法,财主也学着把"穷"和"是"两个字铲去,结果对联变成了"积善家福寿无,发财户金银尽",不但结尾平仄字没变过来,连意思也变坏了。

5.借东西

　　青黄不接,向你借点东西

6.半截春联

　　福无双至今朝至,祸不单行昨夜行

7.童生考到老

　　二人为天,一人为大,天大人情,人情大过天

8.联边对

　　下联每个字都含"走之",意思十分明确。

9.巧言妙对贪官联

　　苦煞万民

10.自画像

　　傲骨梅无两面枝

11.拆字联

　　更山,更山,有人便仙

12.林则徐写对联

　　结交千载上,过时为学,庶几秉烛老犹明

13.鸿雁与蚕

　　蚕为天下虫(林则徐完全理解了老师的用意,以"蚕"对"鸿",巧妙地把"蚕"字拆成上边一个"天",下边一个"虫"字,很符合拆字的要求。同时,又是在说,蚕这种昆虫是经常在露天底下养的。以"虫"对"鸟",构思很新奇)

14.菊花与甘棠

　　南国人思召伯棠

15.袖底笼花

　　堂前悬镜,大人明察秋毫

第6章　百科游乐园

1.历史人物填空

　　(1)马谡　　　　(2)王佐　　　　(3)董卓

　　(4)周瑜　　　　(5)徐庶　　　　(6)周幽王

（7）齐桓公　　　　　　（8）司马昭　　　　　　（9）关云长

（10）曹刿

2.名著中跟"三"有关的情节

（1）《三国演义》中有"刘玄德三顾草庐"

（2）《水浒传》中有"宋公明三打祝家庄"

（3）《西游记》中有"孙行者三调芭蕉扇"

3.根据四大名著对出下联

（1）赤胆忠心　赵云力救主

（2）义盖云天　关羽私放曹

（3）艺高胆大　悟空勇斗魔

4.对联出处

　　A

5.《红楼梦》中的判词

　　A

6.有哪些兴趣和爱好

　　音乐、书法、演戏、绘画

7.清明节的别称

　　E

8.曲阜"三孔"

　　C

9.辨识"五谷"

　　C

10."六畜"包括哪些

　　A

11.古代六艺

　　D

12.七月流火

　　B

13.菊月

　　B

14."闭月"是指谁

　　C

15.成也萧何，败也萧何

　　C

16.汗流浃背

　　D

17.期期艾艾
    A
18.掌上舞
    C
19.东床快婿
    B
20."司空"是指什么
    C
21.程门立雪
    A
22.名花解语
    D
23.墙头马上
    B
24.《梁祝》与《婚姻法》
    C